PANQUECAS E WAFFLES CASEIROS

100 RECEITAS DE PANQUECAS E WAFFLES PARA CAFÉ DA MANHÃ E BRUNCH

estrela aquinas

s os direitos reservados.

nção de responsabilidade

As informações contidas neste eBook destinam-se a servir como uma coleção abrangente de estratégias que o autor deste eBook pesquisou. Os resumos, estratégias, dicas e truques são apenas recomendações do autor, e a leitura deste e-book não garante que os resultados de alguém reflitam exatamente os resultados do autor. O autor do eBook fez todos os esforços razoáveis para fornecer informações atuais e precisas aos leitores do eBook. O autor e seus associados não se responsabilizam por quaisquer erros ou omissões não intencionais que possam ser encontrados. O material do eBook pode incluir informações de terceiros. Materiais de terceiros são compostos de opiniões expressas por seus proprietários. Como tal,

O ebook é copyright © 2021 com todos os direitos reservados. É ilegal redistribuir, copiar ou criar trabalhos derivados deste eBook no todo ou em parte. Nenhuma parte deste relatório pode ser reproduzida ou retransmitida de qualquer forma sem a permissão expressa por escrito do autor.

TABELA DE CONTEÚDO

TABELA DE CONTEÚDO 5

INTRODUÇÃO 9

WAFFLES 11

1. Muflas de Canela de Mirtilo 12
Dois. .... Waffle de presunto e queijo derretido 15
3. Hash Brown Waffle com Alecrim 18
Quatro. .... Quesadillas de Chile verde com waffle 21
5. Sanduíche de waffle cubano 23
6. Croque Madame Waffle 26
7. Hambúrguer de waffle clássico com queijo 30
8. Waffle de cogumelos Portobello 33
9. Waffles de filé mignon 36
10. Torrada francesa recheada com chocolate 39
Onze. Espaguete e almôndegas waffled 42
12. Waffles de mac e queijo 47
13. Wavioli de queijo torrado 50
14. Nhoque de batata-doce waffle 53
Quinze. ...... Batata prensada e pierogi de queijo 57
16. Waffle de falafel e homus 61
17. Salada de Waffle de Atum Niçoise 64
18. Bolinhos de caranguejo cruzados 68
19. Caranguejo de casca mole com waffle. 71

VINTE. BOLO DE WAFFLE DE TAMALE 74
VINTE E UM. .... MIGAS MEXICANAS COM WAFFLE 78
22. WONTONS DE CAMARÃO WAFFLE 81
23. WAFFLE ARANCINI COM QUEIJO 85
24. BOLINHOS DE ABOBRINHA COM PARMESÃO .. 89
25. TOSTONES WAFFLED 92
26. BATATAS FRITAS 96
27. ANÉIS DE CEBOLA WAFFLE 99
28. BISCOITOS DE AVEIA WAFFLE 102
29. WAFFLE DE SORVETE RED VELVET 105
30. PÃO WAFFLE DE BANANA 110
31. WAFFLE S'MORES 114
32. WAFFLES DE FUBÁ E LEITELHO 117
33. WAFFLES DE CHOCOLATE 120
3. 4. WAFFLES COM RUIBARBO ESCALFADO 124
35. WAFFLES SUFLÊ DE TRÊS QUEIJOS 128
36. WAFFLES DE MANTEIGA 131
37. WAFFLES BELGAS 134
38. WAFFLES MULTIGRÃOS 138
39. WAFFLES DE TRIGO SARRACENO 141
40. WAFFLES DE FRUTAS E XAROPE DE BORDO 144
41. WAFFLES DE POLENTA E CEBOLINHA 147
42. WAFFLES DE QUEIJO PICANTE 150
43. FRANGO E WAFFLES 153
44. WAFFLES DE LIMÃO COM SEMENTES DE PAPOULA 157
QUATRO CINCO .... WAFFLES DE RICOTA E FRAMBOESA 160
46. WAFFLES DE BANANA 163
47. WAFFLES DE CHOCOLATE 166
48. WAFFLES DE AÇÚCAR DE CANELA 169
49. WAFFLES DE MORANGO 172

PANQUECAS 175

CINQUENTA............................ PANQUECAS VELUDO VERMELHO 176
51. PANQUECAS DE CHOCOLATE ESCURO 180
52. PANQUECAS DE ABACAXI DE CABEÇA PARA BAIXO 185
53. PANQUECAS DE LIMÃO 189
54. PANQUECAS DE CANELA 193
55. PANQUECAS DE KEFIR 198
56. PANQUECAS DE REQUEIJÃO 201
57. PANQUECAS DE AVEIA 204
58. 3 PANQUECAS DE INGREDIENTES 207
59. PANQUECAS DE MANTEIGA DE AMÊNDOA 210
60. PANQUECAS TIRAMISU 214
61. PANQUECAS DE LIMÃO E MIRTILO 218
62. PANQUECAS DE QUINOA 222
63. PANQUECAS DE AVEIA COM IOGURTE GREGO 225
64. PANQUECAS DE GENGIBRE 228
65. PANQUECAS DE IOGURTE GREGO 231
66. PANQUECAS DE BISCOITO DE AVEIA E PASSAS 234
67. PANQUECAS DE MANTEIGA DE AMENDOIM E GELEIA. 238
68. PANQUECAS DE PANCETTA 241
69. PANQUECAS DE FRAMBOESA E AMÊNDOA 245
70. PANQUECAS DE AMENDOIM, BANANA E CHOCOLATE.. 249
71. PANQUECAS DE COCO E BAUNILHA 253
72. PANQUECAS DE CHOCOLATE COM COCO E AMÊNDOAS 257
73. PANQUECAS DE MORANGO 261
74. PANQUECAS DE MANTEIGA DE AMENDOIM 265
75. PANQUECAS DE CHOCOLATE MEXICANAS................. 268
76. PANQUECAS DE ANIVERSÁRIO SURPRESA 271
77. PANQUECAS DE MONSTROS VERDES 274
78. PANQUECAS DE MATCHA DE BAUNILHA 278
79. PANQUECAS DE PINA COLADA 281
80. PANQUECAS DE CEREJA E AMÊNDOA 284

81.	Panquecas de limão	287
82.	Panquecas temperadas com abóbora	290
83.	Panquecas de banana com chocolate	294
84.	Panquecas de baunilha e amêndoa	297
85.	Panquecas de macaco	300
86.	Panquecas de baunilha	303
87.	Panquecas de manga com mirtilo	307
88.	Panquecas mocha	310
89.	Panquecas chai	313
90.	Panquecas de cenoura	317
91.	Panquecas de banana com mel	321
92.	Panquecas de Banana e Mirtilo	324
93.	Panquecas de maçã e canela	327
94.	Panquecas de cheesecake de morango	330
95.	Panquecas de mirtilo	333
96.	Panquecas de banana e morango	336
97.	Panquecas de pêssego e creme	339
98.	Panquecas de banana	342
99.	Panquecas tropicais	345
100.	Panquecas perfeitas	349

CONCLUSÃO 352

INTRODUÇÃO

Decidir entre saborear a doçura de panquecas ou waffles no café da manhã pode ser um desafio para muitos.

É claro que, como a refeição mais importante do dia, o café da manhã escolhido deve alimentar sua energia para suas atividades diárias.

Panquecas e waffles são opções versáteis que podem ser apreciadas com uma variedade de coberturas doces e salgadas.

Apesar das formas semelhantes em que podem ser comidos e dos ingredientes usados para prepará-los, panquecas e waffles não são a mesma coisa.

Panquecas perfeitamente cozidas devem ter uma borda crocante e um centro fofo. Os waffles, por outro lado, têm um exterior crocante e um centro mastigável.

Eles também são visivelmente diferentes. As panquecas sempre tendem a ser redondas, enquanto os waffles podem ser redondos ou quadrados.

Se você está curioso sobre o que diferencia waffles e panquecas, este livro é para você!

WAFFLES

1. Muflas de Canela de Mirtilo

PRODUZIR: Cerca de 16 muflas

Ingredientes

- 2 xícaras de farinha de trigo
- ¼ xícara de açúcar granulado
- 1 colher de chá de canela em pó
- ½ colher de chá de sal
- 2 colheres de chá de fermento em pó
- 2 xícaras de leite, em temperatura ambiente
- 8 colheres (sopa) (1 tablete) de manteiga sem sal, derretida
- 2 ovos grandes
- 1 xícara de mirtilos silvestres congelados
- Óleo em spray antiaderente

Endereços

a) Pré-aqueça o ferro de waffle em fogo médio.

b) Em uma tigela média, misture a farinha, o açúcar, a canela, o sal e o fermento.

c) Em uma tigela grande, misture o leite, a manteiga e os ovos e misture até ficar bem combinado.

d) Adicione os ingredientes secos à mistura de leite e bata até misturar.

e) Adicione os mirtilos e misture delicadamente para distribuí-los uniformemente.

f) Cubra os dois lados da grelha de waffle com spray antiaderente e despeje cerca de ¼ de xícara da massa em cada seção da máquina de waffle. Feche a tampa e cozinhe por 4 minutos, ou até dourar.

g) Retire as muflas da máquina de waffles e deixe esfriar um pouco sobre uma grade. Repita o passo 6 com a massa restante.

h) Sirva quente.

2. Waffle de presunto e queijo derretido

PRODUZIR: Serve 1 porção

Ingredientes

- 1 colher de sopa de manteiga sem sal, em temperatura ambiente
- 2 fatias de pão fatiado
- 2 onças de queijo Gruyère, fatiado
- 3 onças de presunto da Floresta Negra, fatiado
- 1 colher de sopa de manteiga de ácer

Endereços

a) Pré-aqueça a máquina de waffles em fogo baixo.

b) Espalhe uma camada fina e uniforme de manteiga em um lado de cada pedaço de pão.

c) Empilhe o queijo e o presunto no lado sem manteiga de uma fatia de pão e coloque o sanduíche aberto na máquina de waffle o mais longe possível das dobradiças.

d) Coloque a segunda fatia de pão por cima, com a manteiga para cima, e feche a máquina de waffles.

e) Verifique o sanduíche após 3 minutos. Na metade do tempo, pode ser necessário girar o sanduíche 180 graus para garantir uma pressão e cozimento uniformes.

f) Se quiser, você pode pressionar um pouco a tampa da máquina de waffles para compactar o sanduíche, mas cuidado, a tampa pode estar muito quente. Retire o sanduíche da máquina de waffle quando o pão estiver dourado e o queijo derretido.

g) Espalhe a manteiga de bordo na parte externa do sanduíche. Corte ao meio na diagonal e sirva.

3. Hash Brown Waffle com Alecrim

PRODUZIR: Serve 2 porções

Ingredientes

- 1 batata russet (assar), cerca de 10 onças, descascada e ralada
- ½ colher de chá de alecrim fresco picado ou 1 colher de chá de alecrim seco
- ¼ colher de chá de sal
- ½ colher de chá de pimenta preta moída na hora
- 1 colher de chá de manteiga sem sal, derretida
- Queijo ralado, creme de leite ou molho de tomate, para servir

Endereços

a) Pré-aqueça o ferro de waffle em fogo médio.
b) Esprema a batata ralada com um pano até ficar o mais seca possível.
c) Em uma tigela, misture a batata ralada, o alecrim, o sal e a pimenta.
d) Usando um pincel de silicone, espalhe a manteiga em ambos os lados da máquina de waffles.

e) Empilhe as batatas raladas no ferro de waffle (encha um pouco o ferro de waffle) e feche a tampa.
f) Após 2 minutos, pressione levemente a tampa para comprimir ainda mais as batatas.
g) Verifique as batatas após 10 minutos. Eles devem começar a dourar em alguns lugares.
h) Quando as batatas estiverem totalmente douradas, mais 1 a 2 minutos, retire cuidadosamente da máquina de waffle.
i) Sirva com queijo ralado, creme de leite ou ketchup.

4. Quesadillas de Chile verde com waffle

PRODUZIR: Rende 2 quesadillas

Ingredientes

- Óleo em spray antiaderente
- 4 tortilhas de farinha
- 1 xícara de queijo tipo mexicano ralado, como queijo Chihuahua ou Monterey Jack
- $\frac{1}{4}$ xícara de pimentão verde enlatado picado

Endereços

a) Pré-aqueça o ferro de waffle em fogo médio. Cubra os dois lados da máquina de waffle com spray antiaderente.

b) Coloque uma tortilha na máquina de waffle e, tomando cuidado porque a máquina de waffle está quente, espalhe metade do queijo e metade das pimentas verdes uniformemente sobre a tortilha, deixando cerca de um centímetro ao redor da borda da tortilha. Cubra com outra tortilha e feche a máquina de waffles.

c) Verifique a quesadilla após 3 minutos. Quando o queijo estiver derretido e a tortilha tiver marcas de waffle douradas, está pronto. Remova a quesadilla do ferro de waffle.

5. Sanduíche de waffle cubano

PRODUZIR: Serve 2 porções

Ingredientes

- 1 pão de sanduíche crocante ou pão ciabatta individual
- 1 colher de sopa de mostarda amarela
- 3 onças de presunto cozido, em fatias finas
- 3 onças de lombo de porco cozido, em fatias finas
- 3 onças de queijo suíço, em fatias finas
- 2 pepinos em conserva, cortados em fatias finas no sentido do comprimento

Endereços

a) Pré-aqueça a máquina de waffles em fogo baixo.

b) Divida o pão em metades superior e inferior, faça um buraco para dar espaço para a carne e espalhe a mostarda sobre as duas fatias. Junte o presunto, o lombo de porco, o queijo e os picles entre os pedaços de pão.

c) Pressione o sanduíche para compactar um pouco e coloque-o na máquina de waffles, o mais longe possível da dobradiça.

d) Feche a tampa da máquina de waffles e cozinhe por 5 minutos. Na metade do tempo, pode ser necessário girar o sanduíche 180 graus para garantir uma pressão e cozimento uniformes. Se quiser, você pode pressionar um pouco a tampa da máquina de waffles para compactar o sanduíche, mas cuidado, a tampa pode estar muito quente.

e) Retire o sanduíche da máquina de waffle quando o queijo estiver completamente derretido. Corte o sanduíche ao meio, ou na diagonal, e sirva.

6. Croque Madame Waffle

PRODUZIR: Serve até 6

Ingredientes

- 1 pedaço de massa crescente ou massa de brioche
- 1 colher de sopa de manteiga sem sal, derretida
- 3 colheres de sopa de molho bechamel
- 2 fatias de presunto da Floresta Negra
- ¼ xícara de queijo Gruyère ralado
- 1 ovo grande

Endereços

a) Pré-aqueça o ferro de waffle em fogo médio.

b) Corte a fatia de massa ao meio para fazer dois triângulos. Molde os triângulos em um quadrado de 4 a 5 polegadas de cada lado e pressione suavemente as bordas juntas.

c) Usando uma escova de silicone, cubra ambos os lados de uma seção da máquina de waffle com a manteiga derretida, coloque a massa nessa seção da máquina de waffle, feche a tampa e cozinhe a massa até dourar, cerca de 3 minutos.

d) Retire a massa da máquina de waffle e transfira para uma tábua ou prato de corte.

e) Despeje o molho bechamel sobre a massa de waffle. (O molho se acumulará principalmente nas costeletas.) Em seguida, coloque o presunto por cima. Polvilhe queijo ralado por cima. Coloque a pilha montada na máquina de waffle e feche a tampa por 10 segundos para derreter o queijo e as camadas uniformes. Remova a pilha da máquina de waffles.

f) Quebre um ovo em um copo pequeno ou molde. Isso lhe dará controle sobre como o ovo cai na máquina de waffles. Pincele qualquer manteiga derretida restante na prateleira inferior de uma seção da máquina de waffle e despeje o ovo nessa seção. Cozinhe, sem fechar a tampa, até que a clara esteja firme, cerca de 1 minuto, e continue cozinhando até que a gema esteja levemente firme, 1 a 2 minutos.

g) Para remover o ovo intacto, use uma espátula deslocada ou um par de espátulas de silicone resistentes ao calor para removê-lo da grade de waffle. Solte as bordas primeiro e, em seguida, levante o ovo, apoiando-o por baixo o máximo possível.

h) Cubra o sanduíche com o ovo e sirva quente.

7. Hambúrguer de waffle clássico com queijo

PRODUZIR: para 4 pessoas

Ingredientes

- Óleo em spray antiaderente
- 1 libra de carne moída
- ½ colher de chá de sal
- 1 colher de chá de pimenta preta moída na hora
- 4 fatias de queijo americano, cheddar ou gruyère (opcional)
- 4 pães de hambúrguer caseiros ou comprados em loja
- Molho de tomate, mostarda, alface, tomate e picles, para servir

Endereços

a) Pré-aqueça o ferro de waffle em fogo médio. Cubra os dois lados da máquina de waffle com spray antiaderente.

b) Tempere a carne com sal e pimenta e forme 4 hambúrgueres, cada um com a forma de pãezinhos.

c) Coloque quantos hambúrgueres couberem no ferro de waffle, feche a tampa e cozinhe até que a carne atinja uma temperatura interna de 160 °F em um termômetro de leitura instantânea, 3 minutos.

d) Quando os hambúrgueres estiverem cozidos, retire-os do ferro de waffle. Se você quiser um cheeseburger de waffle, deixe um hambúrguer na máquina de waffle, cubra com o queijo e feche a tampa para waffle muito brevemente, cerca de 5 segundos.

e) Repita os passos 3 e 4 com os restantes hambúrgueres.

f) Sirva em um pão com ketchup, mostarda, alface, tomate e picles.

8. Waffle de cogumelos Portobello

PRODUZIR: Serve 1 porção

Ingredientes

- ¼ xícara de azeite extra virgem
- ¼ xícara de óleo de sabor neutro, como canola
- 1 colher de sopa de ervas italianas (ou 1 colher de chá de alecrim seco, manjericão seco e orégano seco)
- ¼ colher de chá de sal
- ¼ colher de chá de pimenta preta moída na hora
- 2 cogumelos portobello, caules aparados e descartados

Endereços

1. Em uma tigela rasa ou prato fundo, misture os óleos, ervas, sal e pimenta. Mexa para distribuir uniformemente as ervas.
2. Para preparar os cogumelos, retire as brânquias com uma colher e limpe a tampa do cogumelo com uma toalha de papel úmida para remover qualquer sujeira.
3. Coloque as tampas dos cogumelos na mistura de óleo e deixe marinar por pelo

menos 30 minutos, virando na metade do tempo.
4. Pré-aqueça o ferro de waffle em fogo médio.
5. Coloque os cogumelos, com a tampa para cima, na máquina de waffles e feche a tampa.
6. Verifique os cogumelos após 5 minutos. As tapas devem ser macias e bem cozidas. Retire os cogumelos da máquina de waffle e sirva.

9. Waffles de filé mignon

PRODUZIR: Serve 2 porções

Ingredientes

- 2 colheres de chá de sal grosso ou sal kosher
- 2 colheres de chá de pimenta preta moída na hora
- 8 onças de filé mignon, cerca de 1 ½ polegadas de espessura
- Óleo em spray antiaderente

Endereços

a) Pré-aqueça o ferro de waffle em alta temperatura.
b) Despeje o sal e a pimenta em um prato, misture para distribuir uniformemente e cubra o bife com a mistura em ambos os lados.
c) Cubra os dois lados da máquina de waffle com spray antiaderente. Coloque o bife na máquina de waffles o mais longe possível da dobradiça. (Isso permite que a tampa pressione a carne de forma mais uniforme.) Feche a tampa e cozinhe por 8 minutos.
d) Se você tiver um termômetro de leitura instantânea, verifique a temperatura do bife após 8 minutos. Para um bife médio cozido, a temperatura deve ser de 140 ° F.

(Uma temperatura de 130°F lhe dará um bife mal passado; 155°F está bem passado.)

e) Retire o bife e coloque na tábua de cortar. Deixe o ferro de waffle ligado, caso precise cozinhar mais o bife.
f) Deixe o bife descansar por alguns minutos antes de cortá-lo ao meio e verificar o cozimento. Se estiver do seu agrado, desligue a máquina de waffles e sirva.
g) Se você quiser menos raro, coloque-o de volta na máquina de waffle e verifique depois de mais um minuto. Deixe o bife descansar mais uma vez antes de servir.

10. Torrada francesa recheada com chocolate

PRODUZIR: Serve 2 porções

Ingredientes

- 2 ovos grandes
- ½ xícara de leite
- ¼ colher de chá de extrato de baunilha puro
- Pitada de sal
- 4 fatias de pão
- Óleo em spray antiaderente
- ½ xícara de gotas de chocolate
- 1 colher de manteiga
- açúcar de confeiteiro, a gosto

Endereços

a) Pré-aqueça o ferro de waffle em alta temperatura. Pré-aqueça o forno em sua configuração mais baixa.

b) Em uma assadeira ou prato fundo, misture os ovos, o leite, a baunilha e o sal.

c) Coloque 2 fatias de pão na mistura de ovos e deixe de molho até que um pouco do líquido seja absorvido, 30 segundos. Vire as fatias e deixe-as de molho por mais 30 segundos.

d) Cubra os dois lados da máquina de waffle com spray antiaderente. Coloque uma fatia de pão embebido na máquina de waffle e empilhe um pouco menos da metade das gotas de chocolate na fatia. Cubra com a segunda fatia de pão encharcado, feche a máquina de waffle e cozinhe até que o pão esteja dourado e o chocolate derretido, 3 a 4 minutos. Não deve haver vestígios da mistura de ovos crus.

e) Retire as rabanadas da máquina de waffles e repita os passos 3 e 4 para fazer o segundo lote. Coloque a torrada francesa pronta no forno para mantê-la aquecida.

f) Corte a torrada francesa em quartos. Abra o "bolso" em cada quarto e coloque as gotas de chocolate restantes na abertura. O calor residual derreterá o chocolate.

g) Cubra cada porção com manteiga batida e polvilhe com açúcar de confeiteiro antes de servir.

11. Espaguete e almôndegas waffled

PRODUZIR: para 4 pessoas

Ingredientes

Molho marinara e macarrão:
- 4 dentes de alho, sem casca
- 2 colheres de sopa de azeite extra-virgem e mais para servir
- 2 latas (28 onças cada) de tomates inteiros
- $\frac{1}{4}$ colher de chá de flocos de pimenta vermelha
- Sal e pimenta-do-reino preta moída na hora a gosto
- 12 onças de espaguete

Almôndegas Waffle:
- 1 libra de carne moída magra ou peru
- 10 onças de espinafre picado congelado, descongelado e espremido
- 1 ovo grande, levemente batido
- $\frac{1}{4}$ xícara de farinha de rosca simples
- $\frac{1}{4}$ xícara de cebola bem picada
- $\frac{1}{4}$ xícara de queijo parmesão ralado, e mais para servir
- 2 dentes de alho, picados
- $\frac{1}{2}$ colher de chá de sal
- Óleo em spray antiaderente

Endereços

a) Prepare o molho marinara: Corte cada dente de alho ao meio e esmague com a parte plana de uma lâmina de faca, pressionando com a palma da mão para esmagar o alho. Retire a casca de alho. (Deve sair facilmente).

b) Coloque as 2 colheres de azeite e os dentes de alho esmagados em uma panela grande em fogo médio-baixo. Cozinhe até que o alho esteja perfumado e começando a dourar, cerca de 3 minutos.

c) Enquanto o alho cozinha, escorra parcialmente os tomates despejando apenas o líquido no topo da lata. Use um garfo ou tesoura de cozinha para quebrar os tomates em pedaços grandes e irregulares na lata.

d) Adicione os tomates e os flocos de pimenta vermelha à panela, tomando cuidado para evitar respingar quando os tomates encontrarem o óleo quente.

e) Cozinhe em fogo médio até que o molho comece a borbulhar, cerca de 5 minutos. Cozinhe em fogo médio-baixo, mexendo ocasionalmente, até que os tomates desmanchem, 45 minutos. Você deve ficar com um molho espesso, um pouco grumoso.

Prove e ajuste os temperos adicionando sal e pimenta.
f) Prepare a massa: ferva a água em uma panela grande em fogo alto.
g) Pré-aqueça o ferro de waffle em fogo médio. Pré-aqueça o forno em sua configuração mais baixa.
h) Enquanto o molho está fervendo e a água do macarrão está fervendo, prepare as almôndegas: Em uma tigela grande, misture todos os ingredientes das almôndegas, exceto o spray de cozinha, e misture bem.
i) Molde a mistura em 16 bolas e coloque-as em uma tábua de corte coberta com cera ou papel manteiga.
j) Adicione o espaguete à água fervente e cozinhe de acordo com as instruções da embalagem. Escorra e mantenha aquecido.
k) Cubra os dois lados da máquina de waffle com spray antiaderente. Coloque quantas almôndegas couberem na máquina de waffles, deixando um pouco de espaço para que cada uma se expanda quando achatada.
l) Feche a tampa e cozinhe até que as almôndegas estejam douradas por fora e cozidas, 6 minutos. Você pode ter que cortar um para se certificar de que não há vestígios de rosa. Se você tiver um

termômetro de leitura instantânea, a carne deve estar a pelo menos 160°F e o peru deve estar a pelo menos 165°F.

m) Retire as almôndegas do ferro de waffle. Repita os passos 11 e 12 para cozinhar as almôndegas restantes. Se os outros componentes ainda não estiverem prontos, mantenha as almôndegas aquecidas no forno pré-aquecido.

n) Sirva uma porção generosa de massa com 4 almôndegas waffle, cobertas com um pouco de molho. Regue com azeite extra virgem e polvilhe com queijo parmesão. Sirva o molho extra na mesa.

12. waffles de mac e queijo

PRODUZIR: 8 porções

Ingredientes

- Macarrão e queijo preparados
- 2 ovos grandes
- Uma pitada de sal e pimenta preta moída na hora.
- 1 xícara de farinha de trigo
- 1 xícara de farinha de rosca temperada
- $\frac{1}{4}$ xícara de queijo duro ralado, como Parmesão ou Pecorino Romano
- Óleo em spray antiaderente

Endereços

a) Corte o macarrão e o queijo em fatias de cerca de $\frac{1}{2}$ polegada de espessura.
b) Pré-aqueça o ferro de waffle em fogo médio. Pré-aqueça o forno em sua configuração mais baixa.
c) Em uma tigela pequena, bata o ovo com uma pitada de sal e pimenta.
d) Separe 3 tigelas rasas. Meça a farinha na primeira. Na segunda tigela, coloque os ovos batidos. Misture a farinha de rosca com o queijo na terceira.
e) Pegue uma fatia de macarrão com queijo e, manuseando com cuidado, cubra os dois lados com a farinha. Em seguida,

mergulhe os dois lados no ovo. Por fim, passe na farinha de rosca dos dois lados, pressionando a mistura para que grude. Coloque a fatia de lado e repita com as fatias restantes.
f) Cubra os dois lados da máquina de waffle com spray antiaderente. Coloque as fatias de macarrão e queijo na máquina de waffle, feche a tampa e cozinhe até aquecer e dourar, 3 minutos.
g) O processo de extração pode ser complicado. Usando uma espátula de silicone, solte as bordas do macarrão e do queijo. Use a espátula para levantar suavemente o macarrão e o queijo da máquina de waffles e, em seguida, segure o fundo com a espátula enquanto o levanta com uma pinça.
h) Repita os passos 5 a 7 até que todo o macarrão e queijo tenham sido waffles. Mantenha o macarrão acabado com queijo quente no forno.

13. Wavioli de queijo torrado

PRODUZIR: Serve 2 porções

Ingredientes

- ½ xícara de leite
- 1 ovo grande
- 1 colher de sopa de azeite extra virgem
- 1 xícara de farinha de rosca temperada
- ½ colher de chá de sal
- ½ colher de chá de alho em pó
- ½ libra de ravioli de queijo, refrigerado
- Óleo em spray antiaderente
- 1 xícara de molho marinara

Endereços

a) Pré-aqueça o ferro de waffle em fogo médio. Forre uma assadeira com papel manteiga ou manteiga e reserve. Pré-aqueça o forno em sua configuração mais baixa.

b) Em uma tigela pequena, misture o leite, o ovo e o azeite.

c) Em outra tigela pequena, misture a farinha de rosca, o sal e o alho em pó.

d) Mergulhe o ravioli primeiro na mistura de leite, cobrindo dos dois lados, depois mergulhe na mistura de farinha de rosca, pressionando a mistura para grudar.

Disponha os raviólis cobertos na assadeira preparada.

e) Cubra os dois lados da máquina de waffle com spray antiaderente. Aqueça o molho marinara em uma panela pequena em fogo médio ou no microondas por 1 minuto.

f) Coloque quantos raviolis couberem na máquina de waffle, feche a tampa e cozinhe por 2 minutos ou até ficar crocante e torrado.

g) Retire os raviolis da máquina de waffles e repita o passo 6 com os restantes ravioli. Mantenha o ravioli acabado quente no forno.

h) Sirva com o molho marinara para mergulhar.

14. Nhoque de batata-doce waffle

METRORende cerca de 60 nhoques

Ingredientes

- 1 batata grande para assar (como russet) e 1 batata doce grande (cerca de $1\frac{1}{2}$ libras no total)
- $1\frac{1}{4}$ xícaras de farinha de trigo, além de mais para enfarinhar sua superfície de trabalho
- $\frac{1}{2}$ xícara de queijo parmesão ralado
- 1 colher de chá de sal
- $\frac{1}{2}$ colher de chá de pimenta preta moída na hora
- Uma pitada de noz-moscada ralada (opcional)
- 1 ovo grande, batido
- Spray de cozinha antiaderente ou manteiga derretida
- Waffle pesto ou sálvia e molho de manteiga

Endereços

a) Pré-aqueça o forno a 350 ° F.
b) Asse as batatas até que possam ser facilmente perfuradas com um garfo, cerca de uma hora. Deixe as batatas esfriarem um pouco e, em seguida, descasque-as.

c) Passe as batatas por um moinho de alimentos ou espremedor de batatas ou rale-as sobre os furos grandes de um ralador de caixa e em uma tigela grande.

d) Adicione 1 ¼ xícaras de farinha às batatas e use as mãos para misturá-las, quebrando os pedaços de batata ao longo do caminho. Polvilhe o queijo, sal, pimenta e noz-moscada sobre a massa e amasse levemente para distribuir uniformemente.

e) Quando a farinha e as batatas estiverem misturadas, faça um buraco no centro da tigela e adicione o ovo batido. Usando os dedos, trabalhe o ovo pela massa até que comece a se unir. Vai ficar um pouco pegajoso.

f) Em uma superfície levemente enfarinhada, sove a massa várias vezes para mantê-la unida. Deve estar úmido, mas não molhado e pegajoso. Se estiver muito pegajoso, adicione farinha 1 colher de sopa de cada vez, até ¼ de xícara. Enrole a massa em um rolo e corte em 4 pedaços.

g) Enrole cada pedaço em uma corda com o diâmetro do polegar e use uma faca afiada para cortar em segmentos de 2,5 cm.

h) Pré-aqueça o ferro de waffle em fogo médio. Cubra os dois lados da grade de waffle com spray antiaderente ou escove as grades com um pincel de silicone. Abaixe o forno para a temperatura mais baixa e reserve uma assadeira para manter o nhoque acabado quente.

i) Delicadamente, retire a farinha restante do nhoque e coloque um lote na máquina de waffles, deixando um pouco de espaço para cada um se expandir.

j) Feche a tampa e cozinhe até que as marcas da grade no nhoque estejam douradas, 2 minutos. Repita com o nhoque restante, mantendo o nhoque cozido quente na assadeira no forno.

k) Sirva quente com molho pesto ou molho de waffle de sálvia com manteiga.

15. Batata prensada e pierogi de queijo

PRODUZIR: para 4 pessoas

Ingredientes

Massa:

- 2¼ xícaras de farinha de trigo, além de mais para polvilhar a superfície de trabalho conforme necessário
- ½ colher de chá de sal
- 2 ovos grandes
- ⅓ xícara de água, ou mais conforme necessário

Enchimento:

- 1 libra de batatas russet (para assar), descascadas e cortadas em cubos de 1 polegada
- ½ xícara de queijo cheddar ralado
- 2 colheres de manteiga sem sal
- 1 colher de chá de sal
- 1 colher de chá de pimenta preta moída na hora
- Óleo em spray antiaderente

Endereços

a) Faça a massa: Em uma tigela grande, misture as 2¼ xícaras de farinha e o sal.

b) Em uma tigela pequena, bata os ovos e ⅓ copo de água juntos. Adicione os ovos à mistura de farinha e misture a massa com uma colher de pau ou com as mãos até formar uma bola.

c) Embrulhe a bola de massa em filme plástico e leve à geladeira por 30 minutos.

d) Enquanto isso, faça o recheio: coloque as batatas em uma panela média, cubra com água fria e leve para ferver, tampada, em fogo médio-alto. Quando a água estiver fervendo, retire a tampa e cozinhe as batatas até que estejam macias e possam ser facilmente perfuradas com uma faca, cerca de 10 minutos. Escorra as batatas em uma peneira.

e) Transfira as batatas para uma tigela grande e amasse-as juntamente com o queijo ralado, a manteiga, o sal e a pimenta. Deixe a mistura esfriar até a temperatura ambiente.

f) Polvilhe generosamente uma superfície de trabalho com farinha e modele a massa fria em um rolo de cerca de 24 polegadas de comprimento.

g) Corte a massa em 24 porções iguais e forme uma bola com cada porção de massa.

h) Achate uma bola de massa com a mão. Usando um rolo, enrole a massa em um círculo áspero e deixe-a o mais fina que puder, mantendo-a fácil de manusear. Coloque uma colher de chá cheia de recheio no centro, deixando não mais do que uma borda de $\frac{1}{2}$ polegada. Dobre o pierogi ao meio e aperte as bordas com um garfo.

i) Vire o pierogi acabado em uma superfície enfarinhada, cubra com filme plástico ou uma toalha limpa e sem fiapos e repita com a massa e o recheio restantes.

j) Pré-aqueça o ferro de waffle em fogo médio. Pré-aqueça o forno em sua configuração mais baixa.

k) Cubra ambos os lados da grelha de waffle com spray antiaderente, coloque quantos pierogi couberem na forma de waffle e feche a tampa.

l) 1Waffle até que a massa esteja firme e os pierogi estejam levemente dourados, 3 minutos. Retire o pierogi cozido.

16. Waffle de falafel e homus

PRODUZIR: para 4 pessoas

Ingredientes

- 1 xícara de grão de bico seco, colhido e embebido em água durante a noite na geladeira
- ½ cebola pequena, picada grosseiramente
- 3 dentes de alho
- ¼ xícara de salsa fresca picada
- 2 colheres de azeite extra virgem
- 2 colheres de farinha de trigo
- 1 colher de chá de sal
- 1 colher de chá de cominho moído
- ½ colher de chá de coentro moído
- ¼ colher de chá de fermento em pó
- ¼ colher de chá de pimenta preta moída na hora
- ¼ colher de chá de pimenta caiena
- Óleo em spray antiaderente
- hummus perfeitamente liso
- 4 bolsos de pão pita

Endereços

a) Pré-aqueça o ferro de waffle em fogo médio. Pré-aqueça o forno em sua configuração mais baixa.

b) Escorra o grão de bico embebido e coloque-o com a cebola e o alho em um processador de alimentos. Pulse até misturar, mas não purê.

c) Adicione a salsa, azeite, farinha, sal, cominho, coentro, fermento em pó, pimenta preta e pimenta caiena e misture até ficar quase homogêneo.

d) Cubra os dois lados da máquina de waffle com spray antiaderente. Para cada fawaffle, coloque cerca de ¼ de xícara de massa na máquina de waffles, deixando um pouco de espaço entre as colheres para que cada uma se expanda.

e) Feche a tampa da máquina de waffles e cozinhe por 5 minutos antes de verificar. Retire os fawaffles quando estiverem cozidos e dourados uniformemente.

f) Repita os passos 4 e 5 com a massa restante.

g) Mantenha os fawaffles acabados quentes no forno. Sirva-os com o homus e o pão pita.

17. Salada de Waffle de Atum Niçoise

PRODUZIR: Serve 2 porções

Ingredientes

- 2 ovos grandes
- ½ xícara de feijão verde, pontas cortadas
- 4 batatas novas, cortadas ao meio
- Sal
- Óleo em spray antiaderente
- 1 bife de atum fresco (cerca de 8 onças)
- 3 xícaras de salada verde lavada
- ¼ xícara de azeitonas pretas inteiras sem caroço ou fatiadas, como Niçoise ou Kalamata
- ½ xícara de tomate cereja ou uva inteiros ou cortados ao meio
- pimenta preta moída na hora, a gosto
- Dijon Molho Vinagrete

Endereços

a) Cozinhe os ovos: Coloque os ovos em uma panela pequena e encha até dois terços com água. Leve a água para ferver em fogo médio-alto, desligue o fogo, retire a panela do fogo e tampe. Deixe repousar por 10 minutos. Passe os ovos em água fria por um minuto para esfriar e reserve.

b) Escalde o feijão verde: Leve uma panela pequena com água salgada para ferver e mergulhe o feijão verde por 30 segundos. Retire-os e coloque-os em banho-maria com gelo para interromper o cozimento. Retire o feijão verde da água gelada após 1 minuto e reserve.

c) Cozinhe as batatas: Coloque as batatas em uma panela pequena e cubra com pelo menos uma polegada de água. Adicione uma pitada generosa de sal à água e deixe ferver em fogo médio-alto. Quando a água ferver, abaixe o fogo e deixe as batatas cozinharem por 10 minutos. Eles estão prontos quando podem ser perfurados com o golpe suave de uma faca. Retire as batatas, escorra-as em uma peneira e deixe esfriar.

d) Pré-aqueça o ferro de waffle em alta temperatura. Cubra os dois lados da máquina de waffle com spray antiaderente.

e) Coloque o bife de atum na máquina de waffles o mais longe possível da dobradiça. (Isso permite que a tampa pressione o atum de maneira mais uniforme.) Feche a tampa.

f) Enquanto o atum está cozinhando, coloque uma cama de salada verde em um prato grande. Descasque os ovos, corte-os em fatias ou quartos e coloque-os sobre a alface. Espalhe uniformemente o feijão verde, as batatas, as azeitonas e os tomates nas folhas da salada.

g) Verifique o atum. Após 6 minutos, um bife de ¾ de polegada de espessura deve estar cozido. Não deve haver rosa do lado de fora. Você pode cortar o atum ao meio para ver se ainda há algum rosa no centro. Um tom rosado pode ser bom, embora você possa preferir que seu atum seja mais cozido. (O USDA recomenda que você alcance 145 ° F em um termômetro de leitura instantânea; eu gosto do meu em torno de 125 ° F.)

h) Retire o atum do ferro de waffle e corte em fatias de cerca de ½ polegada de espessura. Disponha as fatias sobre a salada, com as marcas dos waffles voltadas para cima.

i) Polvilhe a salada com sal e pimenta. Vista a salada com moderação. Sirva o restante do molho à mesa.

18. Bolinhos de caranguejo cruzados

PRODUZIR: Rende 4 bolinhos de caranguejo

Ingredientes

- 1 ovo grande, batido, com uma pitada de sal
- Uma pitada de pimenta caiena ou curry em pó
- ½ colher de chá de pimenta preta moída na hora ou limão
- 1 ½ xícaras de caranguejo (cerca de 10 onças)
- ½ xícara de farinha de rosca simples
- ¼ xícara de pimentão verde picado
- 1 colher de sopa de chalota picada
- Óleo em spray antiaderente
- 1 limão, fatiado, para decorar
- ¼ xícara maionese sriracha, para servir

Endereços

a) Pré-aqueça o ferro de waffle em alta temperatura. Pré-aqueça o forno em sua configuração mais baixa.

b) Em uma tigela pequena, misture o ovo, a pimenta caiena e a pimenta preta. Deixou de lado.

c) Em uma tigela média, misture delicadamente o caranguejo, a farinha de rosca, o pimentão e a cebola picada. Adicione a mistura de ovos, mexendo delicadamente para incorporá-la uniformemente aos ingredientes secos.

d) Cubra os dois lados da máquina de waffle com spray antiaderente. Usando um copo medidor, retire $\frac{1}{2}$ xícara da mistura e coloque-a na máquina de waffles.

e) Feche a tampa e cozinhe até que a farinha de rosca esteja dourada e nenhum líquido permaneça, cerca de 3 minutos.

f) Retire o bolo de caranguejo da máquina de waffles, polvilhe com uma fatia de limão e use as fatias extras como guarnição.

g) Repita os passos 4 e 5 para fazer os restantes 3 bolos de caranguejo. Mantenha os bolinhos de caranguejo acabados quentes no forno.

h) Coloque uma colher de sopa de maionese Sriracha em cada bolo de caranguejo e sirva.

19. Caranguejo de casca mole com waffle

PRODUZIR: Serve 2 porções

Ingredientes

- ½ xícara de farinha de trigo
- 1 colher de chá de mistura de tempero de frutos do mar, como Old Bay
- 2 caranguejos de casca mole, limpos ("vestidos")
- 2 colheres de sopa de manteiga sem sal, derretida

Endereços

a) Pré-aqueça o ferro de waffle em alta temperatura.

b) Em uma tigela rasa ou prato fundo, como um prato de torta, misture a farinha e a mistura de temperos.

c) Seque um caranguejo com papel toalha. Passe o caranguejo na farinha, agite o excesso de farinha no prato e reserve o caranguejo em uma tábua de corte.

d) Usando uma escova de silicone, cubra ambos os lados da grelha de waffle com a manteiga derretida.

e) Coloque o caranguejo coberto na máquina de waffles, feche a tampa e cozinhe por 3 minutos. O revestimento deve ficar marrom dourado.

20. Bolo de Waffle de Tamale

PRODUZIR: para 4 pessoas

Ingredientes

Adição:
- 1 colher de sopa de azeite extra virgem
- 1 cebola grande, finamente picada
- 1 libra de peru ou carne moída
- 1 pimenta jalapeño, picada (retire as sementes para reduzir o fogo)
- 1 colher de chá de cominho moído
- 1 lata (15 onças) de tomate esmagado
- Sal e pimenta-do-reino preta moída na hora a gosto

Córtex:
- 1 ½ xícaras de massa de farinha
- 1 colher de chá de sal
- 1 colher de chá de fermento em pó
- ¼ colher de chá de pimenta preta moída na hora
- 1 xícara de leite
- 4 colheres (sopa) (½ tablete) de manteiga sem sal, derretida
- 1 ovo grande, batido
- Óleo em spray antiaderente
- 1 xícara de queijo cheddar afiado

Endereços

a) Faça a cobertura: Aqueça o azeite em uma frigideira grande e adicione a cebola. Refogue em fogo médio até a cebola começar a dourar, cerca de 5 minutos. Retire a cebola e coloque-a em um prato.

b) Esfarele a carne na mesma frigideira, doure até que não restem vestígios de rosa, cerca de 5 minutos. Retire o excesso de gordura e adicione cebola refogada, jalapeño, cominho e tomate na frigideira até aquecer, cerca de 1 minuto. Prove e adicione sal e pimenta. Deixe a mistura ferver enquanto você faz a crosta.

c) Pré-aqueça o ferro de waffle em fogo médio.

d) Faça a crosta: Em uma tigela grande, misture a massa de farinha, sal, fermento em pó e pimenta preta. Em uma tigela média, misture o leite e a manteiga derretida até misturar, em seguida, adicione o ovo.

e) Adicione os ingredientes molhados aos ingredientes secos e mexa para combinar. A massa ficará bem grossa.

f) Cubra os dois lados da máquina de waffle com spray antiaderente. Divida a massa em 4 porções iguais, cerca de $\frac{1}{2}$ xícara cada. Pegue uma porção da massa e coloque-a em um disco do tamanho de uma seção da máquina de waffles. Repita com as 3 porções restantes de massa.

g) Coloque os discos na máquina de waffle, cobrindo completamente a grade da máquina de waffle. Feche a tampa e cozinhe até quase endurecer, mas não muito marrom, cerca de 3 minutos.

h) Abra a forma de waffle, espalhe uma camada uniforme da cobertura com cerca de $\frac{1}{2}$ polegada de espessura sobre a crosta e feche a forma de waffle por 1 minuto. Abra a máquina de waffle mais uma vez, cubra com o queijo e feche a máquina de waffle por 20 segundos para derreter o queijo. Retire as empanadas de tamale da máquina de waffle e sirva.

21. Migas mexicanas com waffle

PRODUZIR: Serve 2 porções

Ingredientes

- 4 ovos grandes
- 1 tomate pequeno em cubos (cerca de ½ xícara)
- ½ xícara de cebola picada
- ½ xícara de queijo Cheddar ou Monterey Jack ralado
- 1 pimenta jalapeño pequena, sem sementes e picada
- 2 tortilhas de milho macias, cortadas ou rasgadas em pedaços de cerca de ½ polegada
- ¼ colher de chá de sal
- ¼ colher de chá de pimenta preta moída na hora
- Óleo em spray antiaderente

Endereços

a) Pré-aqueça o ferro de waffle em fogo médio.

b) Em uma tigela média, bata os ovos. Adicione o restante dos ingredientes, exceto o spray de cozinha e mexa vigorosamente para combinar.

c) Cubra os dois lados da máquina de waffle com spray antiaderente. Despeje um pouco da mistura em cada seção da máquina de waffles. Alguns ingredientes podem se depositar no fundo da tigela, portanto, certifique-se de alcançar o fundo da tigela para obter uma boa mistura.

d) Feche a tampa e cozinhe até que os ovos não estejam mais escorrendo, 2 minutos.

e) Remova as migalhas do ferro de waffle com uma espátula de deslocamento ou um par de espátulas de silicone resistentes ao calor e sirva.

22. Wontons de Camarão Waffle

PRODUZIR: Faz 16 wontons

Ingredientes

- 8 onças de camarão cozido e refrigerado (31-40 ou 41-50), descascado e com as caudas removidas
- 1 clara de ovo grande, levemente batida
- ¼ xícara de cebolinha picada, tanto a parte verde quanto a branca
- 1 dente de alho, picado
- 2 colheres de chá de açúcar mascavo claro
- 2 colheres de chá de vinagre branco destilado
- ½ colher de chá de gengibre fresco ralado ou picado
- ¾ colher de chá de sal
- ½ colher de chá de pimenta preta moída na hora
- 1 pacote de embalagens de wonton (pelo menos 32 embalagens), cerca de 3 ½ polegadas de cada lado
- Óleo em spray antiaderente
- Molho de gengibre e gergelim

Endereços

a) Pique bem os camarões para que fiquem quase como uma pasta. Se você quiser usar um processador de alimentos, meia dúzia de pulsos rápidos deve fazer o truque. Coloque o camarão picado em uma tigela média.

b) Adicione a clara de ovo, cebolinha, alho, açúcar, vinagre, gengibre, sal e pimenta ao camarão, misture bem e reserve.

c) Pré-aqueça o ferro de waffle em alta temperatura. Pré-aqueça o forno em sua configuração mais baixa.

d) Para formar os bolinhos, remova uma embalagem de wonton da embalagem. Usando um pincel ou dedo limpo, umedeça todas as 4 bordas da embalagem. Coloque uma pequena colherada da mistura de camarão no centro e cubra com outra embalagem de wonton. Pressione ao longo das bordas para selar. Coloque o wonton acabado de lado, cubra com uma toalha úmida e modele o resto.

e) Cubra os dois lados da máquina de waffle com spray antiaderente. Coloque quantos wontons na máquina de waffles couberem confortavelmente e feche a tampa. Cozinhe por 2 minutos antes de verificar. A embalagem de wonton deve perder sua translucidez e as marcas de waffle devem ser de um marrom dourado profundo.

f) Sirva os wontons com o molho de gengibre e gergelim.

23. Waffle Arancini com queijo

PRODUZIR: Rende 8 arancini; para 4 pessoas

Ingredientes

- 2 xícaras de arroz branco de grão curto cozido, como Arborio, preparado de acordo com as instruções da embalagem e resfriado
- ½ xícara de queijo parmesão ralado
- ¼ colher de chá de sal
- ¼ colher de chá de pimenta preta moída na hora
- 3 ovos grandes
- 2 onças de mussarela fresca, cortada em 8 pedaços
- 1 xícara de farinha de rosca temperada
- Óleo em spray antiaderente

Endereços

a) Pré-aqueça o ferro de waffle em fogo médio. Pré-aqueça o forno em sua configuração mais baixa.

b) Em uma tigela média, misture o arroz, queijo parmesão, sal, pimenta e 1 dos ovos e mexa para misturar bem.

c) Com as mãos molhadas, forme cada bolinho de arroz pegando uma pequena porção da mistura, pressionando-a firmemente em uma bola e colocando um pedaço de mussarela dentro da bola. O queijo deve ficar completamente coberto pelo arroz. Repita este processo para formar 8 bolas de arancini e reserve.

d) Bata os 2 ovos restantes em uma tigela pequena. Coloque a farinha de rosca em uma tigela rasa ou em um prato fundo, como uma forma de bolo. Mergulhe cada um dos arancini na mistura de ovos e depois na farinha de rosca, sacudindo o excesso. Manuseie o arancini delicadamente.

e) Cubra os dois lados da máquina de waffle com spray antiaderente. Coloque uma bola de arancini em cada seção do ferro de waffle, feche a tampa e cozinhe até que os arancini se unam como uma unidade coesa, 4 minutos.

f) Enquanto os arancini cozinham, aqueça o molho marinara no micro-ondas por 45 segundos ou em uma panela pequena no fogão em fogo baixo.

g) Retire os arancini da máquina de waffle e repita os passos 5 e 6 com os restantes arancini. Mantenha o arancini acabado quente no forno.

h) Sirva o arancini com o molho marinara quente.

24. Bolinhos de abobrinha com parmesão

PRODUZIR: para 4 pessoas

Ingredientes

- 2 xícaras de abobrinha ralada (cerca de 2 abobrinhas médias)
- ½ colher de chá de sal
- 1 ovo grande
- ¼ xícara de leite
- ½ xícara de queijo parmesão ralado
- ½ xícara de farinha de trigo
- ¼ colher de chá de pimenta preta moída na hora
- Óleo em spray antiaderente

Endereços

a) Coloque a abobrinha em uma peneira ou coador e polvilhe com ¼ colher de chá de sal. Deixe descansar por 30 minutos. Enxaguar bem com água fria. Pressione para remover o excesso de líquido da abobrinha e seque com uma toalha limpa e sem fiapos ou toalhas de papel.

b) Pré-aqueça o ferro de waffle em fogo médio. Pré-aqueça o forno em sua configuração mais baixa.

c) Em uma tigela grande, bata o ovo, adicione o leite e ¼ de xícara de queijo parmesão. Bata bem para combinar.

d) Em uma tigela pequena, misture a farinha, o restante ¼ colher de chá de sal e pimenta. Misture bem e mexa na tigela grande com a mistura de ovos. Adicione a abobrinha e mexa até misturar bem.

e) Cubra os dois lados da máquina de waffle com spray antiaderente. Coloque colheres de sopa cheias da mistura de abobrinha no ferro de waffle, deixando espaço entre cada colher de sopa para que os bolinhos se espalhem. Feche a tampa.

f) Cozinhe até dourar levemente e cozido, 3 minutos, e retire do ferro de waffle.

g) Repita os passos 5 e 6 com a massa restante. Mantenha os bolinhos acabados quentes no forno.

h) Para servir, cubra os bolinhos com o restante ¼ de xícara de queijo parmesão.

25. Tostones Waffled

PRODUZIR: para 4 pessoas

Ingredientes

- 2 litros de óleo com sabor neutro, como canola, para fritar
- 2 bananas amarelas (um pouco de verde é bom)
- Sal a gosto
- Molho de alho

Endereços

a) Despeje o óleo em uma panela grande ou forno holandês, tomando cuidado para deixar espaço suficiente na parte superior da panela. O óleo não deve subir mais do que a metade, ou pode borbulhar quando as bananas forem adicionadas.

b) Leve o óleo a 350 ° F em um termômetro de leitura instantânea em fogo médio.

c) Enquanto o óleo aquece, descasque as bananas. Corte cada ponta e faça 3 cortes no comprimento da banana. Retire a pele com os dedos. Corte cada banana em fatias de cerca de $\frac{1}{4}$ de polegada de espessura.

d) Pré-aqueça o ferro de waffle em fogo médio. Aqueça um prato no forno na temperatura mais baixa.

e) Quando o óleo atinge 350°F, um cubo de pão imerso no óleo ficará marrom claro em 60 segundos. Frite as fatias de banana a esta temperatura por 1 minuto.

f) Depois de um minuto, verifique uma fatia de banana para ver se está pronto. Deve ser uma cor dourada clara e cozida por fora. Quanto mais verde a banana, mais tempo levará para fritar, até cerca de 3 minutos.

g) Usando uma escumadeira, retire as bananas fritas do óleo e escorra em um prato forrado com papel toalha. Um pouco de óleo aderido a eles é bom; na verdade, vai ajudar quando eles forem para a máquina de waffle.

h) Arrume quantas bananas fritas couberem em uma única camada no ferro de waffle, deixando um pouco de espaço para que elas se expandam.

i) Pressione a tampa da máquina de waffles para esmagar as bananas. Cuidado: A tampa pode estar quente.

j) Cozinhe até que as bananas estejam douradas e macias, 2 minutos.

k) Retire as bananas do ferro de waffle. Repita os passos 8 a 10 com as bananas restantes.

l) Coloque as bananas prontas em uma chapa quente e polvilhe com sal. Sirva com o molho de alho.

26. Batatas fritas

PRODUZIR: para 4 pessoas

Ingredientes

- Óleo em spray antiaderente
- 4 colheres (sopa) (½ tablete) de manteiga sem sal, derretida
- 1 xícara de água
- ½ colher de chá de sal
- 2 xícaras de flocos de batata instantâneos
- Molho de tomate ou maionese, para servir

Endereços

a) Pré-aqueça o ferro de waffle em alta temperatura. Cubra os dois lados da máquina de waffle com spray antiaderente.

b) Misture a manteiga derretida, a água e o sal em uma tigela. Adicione os flocos de batata e mexa bem a mistura. Deixe repousar enquanto a máquina de waffles atinge a temperatura desejada. A mistura ficará bem grossa.

c) Para cada waffle frito, coloque cerca de uma colher de sopa de mistura de batata na máquina de waffle. Coloque o máximo possível da mistura de batata na grelha de waffle, feche a tampa e cozinhe até dourar, 3 minutos. Retire as batatas fritas e repita, regando a grelha de waffle novamente, se necessário, até que toda a mistura de batata tenha sido usada.

d) Sirva as batatas fritas com ketchup ou maionese.

27. Anéis de cebola waffle

PRODUZIR: para 4 pessoas

Ingredientes

- 1 ½ xícaras de farinha de trigo
- ½ xícara de amido de milho
- 1 colher de fermento em pó
- 2 colheres de chá de sal
- 2 colheres de chá de açúcar granulado
- 1 colher de chá de pimenta preta moída na hora
- 1 colher de chá de cebola em pó
- 12 onças de cerveja estilo lager
- ¼ xícara de óleo de sabor neutro, como canola
- 1 cebola grande, cortada em fatias finas e cortada em segmentos com não mais de 1 polegada de comprimento
- Óleo em spray antiaderente

Endereços

a) Pré-aqueça o ferro de waffle em fogo médio. Pré-aqueça o forno em sua configuração mais baixa.

b) Em uma tigela grande, misture a farinha, amido de milho, fermento em pó, sal, açúcar, pimenta e cebola em pó e mexa para combinar. Bata na cerveja. (A mistura vai espumar.) Adicione o azeite e depois a cebola.

c) Cubra os dois lados da máquina de waffle com spray antiaderente.

d) Despeje cerca de $\frac{1}{4}$ xícara da massa na máquina de waffles grande em forma de anel,

e) Seu anel não ficará perfeito, mas você pode usar uma espátula de silicone para moldar um pouco da massa antes de fechar a tampa.

f) Cozinhe por 4 minutos, ou até dourar. Retire o anel de cebola da máquina de waffles.

g) Repita os passos 3 e 4 para fazer o restante dos anéis de cebola. Mantenha os anéis de cebola acabados quentes no forno.

h) Servir quente.

28. Biscoitos de aveia waffle

PRODUZIR: Rende cerca de 20 biscoitos.

Ingredientes

- $\frac{1}{2}$ xícara de manteiga sem sal, amolecida
- $\frac{1}{2}$ xícara de açúcar mascavo claro bem embalado
- 2 ovos grandes
- 1 colher de chá de extrato de baunilha puro
- $\frac{1}{2}$ xícara de farinha de trigo
- $\frac{1}{2}$ colher de chá de bicarbonato de sódio
- $\frac{1}{4}$ colher de chá de sal
- $\frac{3}{4}$ xícara de aveia em flocos à moda antiga
- $\frac{3}{4}$ xícara de mini gotas de chocolate meio amargo
- Óleo em spray antiaderente

Endereços

a) Pré-aqueça o ferro de waffle em fogo médio.

b) Em uma tigela grande, bata a manteiga e o açúcar mascavo com uma batedeira elétrica até quase ficar homogêneo.

c) Adicione os ovos e a baunilha e continue batendo até incorporar totalmente.

d) Em uma tigela média, misture a farinha, o bicarbonato de sódio e o sal. Adicione esses ingredientes secos aos ingredientes molhados e misture até que restem apenas algumas faixas de farinha.

e) Adicione a aveia e as pepitas de chocolate e mexa para combinar.

f) Cubra os dois lados da máquina de waffle com spray antiaderente.

g) Coloque uma colher de sopa de massa em cada seção de waffle, deixando espaço para os biscoitos se espalharem. Feche a tampa e cozinhe até que os biscoitos estejam firmes e começando a dourar. Isso não vai demorar muito, 2-3 minutos, dependendo do calor da máquina de waffles. Os biscoitos devem estar macios ao serem removidos e endurecerão quando esfriarem.

h) Transfira os biscoitos para uma gradinha para esfriar.

i) Repita os passos 6 a 8 até que a massa restante tenha sido waffled.

29. Waffle de sorvete Red Velvet

PRODUZIR: Rende 8 sanduíches

Ingredientes

- 1 ¾ xícaras de farinha de trigo
- ¼ xícara de cacau sem açúcar
- 1 colher de chá de bicarbonato de sódio
- 1 colher de chá de sal
- 1 xícara de óleo de canola
- 1 xícara de açúcar granulado
- 1 ovo grande
- 3 colheres de sopa de corante alimentício vermelho
- 1 colher de chá de extrato de baunilha puro
- 1½ colheres de chá de vinagre branco destilado
- ½ xícara de requeijão
- Óleo em spray antiaderente
- 1½ litro de sorvete de baunilha
- 2 xícaras de mini gotas de chocolate meio amargo

Endereços

a) Pré-aqueça o ferro de waffle em fogo médio.

b) Em uma tigela média, misture a farinha, o cacau, o bicarbonato de sódio e o sal. Deixou de lado.

c) Na tigela da batedeira, ou com uma batedeira elétrica em uma tigela grande, bata o óleo e o açúcar em velocidade média até misturar bem. Bata o ovo. Abaixe a batedeira e adicione lentamente o corante alimentar e a baunilha.

d) Misture o vinagre e o creme de leite. Adicione metade desta mistura de leitelho à tigela grande com o óleo, o açúcar e o ovo. Mexa para combinar e, em seguida, adicione metade da mistura de farinha. Raspe a tigela e mexa apenas o suficiente para garantir que não haja mais farinha não misturada. Adicione o restante da mistura de leitelho, mexa para combinar e, em seguida, adicione a última mistura de farinha. Mexa novamente, apenas o suficiente para se certificar de que não há mais farinha não misturada.

e) Cubra os dois lados da máquina de waffle com spray antiaderente. Despeje massa suficiente na máquina de waffle para cobrir a grade, feche a tampa e cozinhe até que os waffles estejam firmes o suficiente para serem removidos da máquina de waffle, 4 minutos.

f) Deixe os waffles esfriarem um pouco sobre uma gradinha. Use tesouras de cozinha ou uma faca afiada para separar os waffles em seções (provavelmente retângulos, fatias ou corações, dependendo do seu ferro de waffle). Repita para fazer um total de 16 seções.

g) Enquanto as seções de waffle esfriam, coloque o sorvete no balcão para amolecer por 10 minutos.

h) Depois que o sorvete amolecer, coloque metade das seções de waffle e use uma espátula para espalhar o sorvete com cerca de 2,5 cm de espessura em cada seção. Cubra com as seções restantes para fazer 8 sanduíches. Raspe qualquer excesso de sorvete com uma espátula de borracha para suavizar as bordas.

i) Em seguida, mergulhe as bordas do sorvete em uma tigela rasa ou prato cheio de mini gotas de chocolate.

j) Embrulhe cada sanduíche firmemente em filme plástico, coloque em um saco hermético e coloque o saco no freezer por pelo menos 1 hora para permitir que o sorvete endureça. Retire um sanduíche

alguns minutos antes de servir para
deixá-lo amolecer um pouco.

30. Pão Waffle de Banana

PRODUZIR: Faz 10 a 15 fatias de pão de waffle de banana

Ingredientes

- 1 xícara mais 2 colheres de açúcar granulado
- 1 colher de chá de canela em pó
- 3 bananas maduras médias, cortadas em fatias de $\frac{1}{8}$ polegada de espessura
- 8 colheres de sopa (1 tablete) de manteiga sem sal, amolecida
- $\frac{1}{2}$ xícara de açúcar mascavo claro
- 6 onças de queijo creme, amolecido, cortado em pedaços de cerca de 1 onça
- 2 ovos grandes
- 1 colher de chá de extrato de baunilha puro
- 1 $\frac{1}{2}$ xícaras de farinha de trigo
- $\frac{1}{2}$ xícara de aveia crua à moda antiga
- 1$\frac{1}{2}$ colheres de chá de fermento em pó
- $\frac{1}{4}$ colher de chá de sal E spray de cozinha antiaderente

Endereços

a) Em uma tigela pequena, misture 2 colheres de sopa de açúcar granulado e a canela. Coloque os pedaços de banana fatiados em uma tigela pequena e polvilhe com a mistura de canela e açúcar. Mexa para distribuir a mistura de açúcar e canela uniformemente. Deixe as bananas descansarem por 30 minutos.

b) Na tigela de uma batedeira equipada com o acessório de pá ou com uma batedeira elétrica, creme de manteiga, xícara restante de açúcar granulado e açúcar mascavo até ficar bem misturado. Adicione o cream cheese e misture até incorporar totalmente à mistura de açúcar. Adicione os ovos um a um e misture até incorporar na massa. Adicione a baunilha e misture bem para combinar.

c) Em uma tigela média, misture a farinha, a aveia, o fermento e o sal. Depois de combinado, despeje a mistura de farinha na mistura de manteiga e açúcar. Misture até que os ingredientes secos estejam completamente misturados com os ingredientes molhados, raspando a tigela para garantir que a mistura esteja bem combinada.

d) Despeje as bananas e qualquer líquido acumulado na tigela e dobre delicadamente para incorporar.

e) Pré-aqueça o ferro de waffle em fogo médio. Cubra os dois lados da máquina de waffle com spray antiaderente. Pré-aqueça o forno em sua configuração mais baixa.

f) cobrir o interior de um 1/3 copo medidor com spray antiaderente para ajudar a soltar a massa. Para dimensionar 1/3 xícara de massa e despeje no ferro de waffle pré-aquecido. Feche a tampa e cozinhe até que o pão de banana fique dourado escuro, 5 minutos.

g) Retire a peça acabada da máquina de waffle e coloque-a em uma gradinha para esfriar um pouco. Repita o passo 6 com a massa restante. Mantenha as peças acabadas quentes no forno.

31. waffle s'mores

PRODUZIR: para 4 pessoas

Ingredientes

- Óleo em spray antiaderente
- $\frac{1}{2}$ xícara de farinha de trigo branca
- $\frac{1}{2}$ xícara de farinha de trigo
- $\frac{1}{4}$ xícara de açúcar mascavo bem embalado
- $\frac{1}{2}$ colher de chá de bicarbonato de sódio
- $\frac{1}{4}$ colher de chá de sal
- pitada de canela em pó
- 4 colheres (sopa) ($\frac{1}{2}$ tablete) de manteiga sem sal, derretida
- 2 colheres de leite
- $\frac{1}{4}$ xícara de mel
- 1 colher de sopa de extrato de baunilha puro
- $\frac{3}{4}$ xícara de gotas de chocolate meio amargo
- $\frac{3}{4}$ xícara de mini marshmallow

Endereços

a) Pré-aqueça o ferro de waffle em fogo médio. Cubra os dois lados da máquina de waffle com spray antiaderente.

b) Em uma tigela, misture as farinhas, o açúcar mascavo, o bicarbonato de sódio, o sal e a canela. Em uma tigela separada, misture a manteiga derretida, o leite, o mel e a baunilha.

c) Adicione os ingredientes molhados à mistura de farinha e mexa até formar uma massa.

d) Deixe a mistura descansar por 5 minutos. Será muito mais espessa do que a massa de waffle normal, mas não tão grossa quanto a massa de pão.

e) Meça cerca de ¼ de xícara de massa e coloque-a em uma seção da máquina de waffles. Repita com outro ¼ de xícara de massa, para obter uma parte superior e inferior para o seu sanduíche s'moreffle.

f) Feche a tampa e cozinhe até que os biscoitos de waffle ainda estejam ligeiramente macios, mas cozidos, 3 minutos.

g) Remova cuidadosamente os biscoitos de waffle da máquina de waffle. Eles ficarão bem macios, então tome cuidado para mantê-los intactos. Deixe-os esfriar um pouco. Repita os passos 5 a 7 com o restante da massa.

32. Waffles de fubá e leitelho

PRODUZIR: 4 a 6 waffles; para 4 pessoas

Ingredientes

- 1 ¾ xícaras de farinha de trigo
- ¼ xícara de farinha de milho finamente moída
- 2 colheres de chá de bicarbonato de sódio
- 1 colher de chá de sal
- 2 ovos grandes, separados
- 1¾ xícaras de leitelho
- 4 colheres de sopa de manteiga sem sal, derretida e fria
- 1 colher de chá de extrato de baunilha puro
- Óleo em spray antiaderente
- Manteiga e xarope de bordo, para servir

Endereços

a) Pré-aqueça o ferro de waffle em fogo médio. Pré-aqueça o forno em sua configuração mais baixa.

b) Em uma tigela grande, misture a farinha, o fubá, o bicarbonato de sódio e o sal. Em uma tigela separada, misture as gemas, o leitelho, a manteiga e a baunilha.

c) Em uma tigela média, bata as claras em neve até obter picos moles.

d) Adicione os ingredientes líquidos aos ingredientes secos enquanto mistura delicadamente. Em seguida, adicione as claras à massa.

e) Cubra os dois lados da máquina de waffle com spray antiaderente. Despeje a massa na máquina de waffle, feche a tampa e cozinhe até dourar, 3 a 5 minutos.

f) Retire o waffle. Para mantê-lo aquecido, coloque-o em uma grade no forno. Repita o passo 5 para fazer o resto dos waffles.

g) Sirva com manteiga e xarope de bordo.

33. waffles de chocolate

8 a 10 atrás

Ingredientes

- 7 onças (200 g) de sorvete meio amargo ou agridoce, opcional
- chocolate picado (ou use chips)
- 4½ onças (130g) de manteiga, em cubos
- 2 ovos
- 1½ xícaras (360ml) de leite
- 1 colher de chá de extrato de baunilha
- 2 xícaras (260g) de farinha de trigo
- ¾ xícara (150g) de açúcar
- ¼ xícara (35g) de cacau em pó
- 1 colher de chá de fermento em pó
- 1 colher de chá de sal
- 1 xícara (45g) de gotas de chocolate

Endereços

a) Configure a grelha Sear and Press com as placas de waffle. Selecione 450°F para as placas superior e inferior. Pressione Iniciar para pré-aquecer.

b) Coloque o chocolate e a manteiga em uma tigela que possa ir ao micro-ondas e aqueça em 100% de potência por 30 segundos. Mexa continuamente até o chocolate e a manteiga derreterem e a mistura ficar homogênea. Esfrie um pouco.

c) Bata os ovos, o leite e a baunilha em uma tigela grande ou jarra e misture na mistura de chocolate frio até ficar homogêneo.

d) Peneire a farinha, o açúcar, o cacau em pó, o fermento e o sal em uma tigela grande e faça um buraco no centro.

e) Despeje a mistura de ovos e bata até ficar quase homogêneo com apenas alguns grumos. Misture as gotas de chocolate.

f) Após a conclusão do pré-aquecimento; a luz verde de prontidão acenderá. Adicione $\frac{1}{2}$ xícara de massa a cada quadrado de waffle. Feche a tampa e cozinhe até ficar cozido e seco ao toque. Isso levará aproximadamente $3\frac{1}{2}$ a 4 minutos. Retire os waffles e coloque-os em uma gradinha para esfriar um pouco.

g) Repita com a massa restante. Sirva com sorvete, se desejar.

34. Waffles com ruibarbo escalfado

8 a 10 atrás

Ingredientes

- 2 ovos, separados
- 1 quilo de ruibarbo fresco aparado e lavado
- 1 ¾ xícaras (420 ml) de leite
- ¼ xícara) de açúcar
- 1 colher de chá de extrato de baunilha
- 4 onças (115 g) de manteiga derretida para servir
- 1 pacote de 130 g (4,6 oz) de baunilha Açúcar em pó, opcional.
- Mistura de pudim de creme de baunilha, opcional.
- 2¼ xícaras (295g) de farinha de trigo
- 2 colheres de chá de fermento em pó
- ¼ colher de chá de sal
- ½ xícara (100g) de açúcar

Endereços

a) Configure a grelha Sear and Press com as placas de waffle. Selecione 410°F para o platen superior e 350°F para o platen inferior. Pressione Iniciar para pré-aquecer.

b) Para o ruibarbo escalfado, corte os talos de ruibarbo em pedaços de ½ polegada e coloque-os em uma panela com açúcar e 1 xícara de água. Cozinhe em fogo baixo até que o ruibarbo esteja macio, mas não desmanchando. Esfrie completamente.

c) Para os waffles, misture as gemas, o leite, o extrato de baunilha e a manteiga derretida em uma tigela grande.

d) Misture a mistura do pudim, a farinha, o fermento, o sal e o açúcar em uma tigela grande e faça um buraco no centro.

e) Com cuidado, despeje a mistura de ovo e leite e bata até ficar homogêneo.

f) Bata as claras com a batedeira elétrica até formar picos firmes. Dobre através da massa de waffle.

g) Após a conclusão do pré-aquecimento; a luz verde de prontidão acenderá. Adicione $\frac{1}{2}$ xícara de massa a cada quadrado de waffle.

h) Feche a tampa e cozinhe até ficar cozido e dourado. Isso levará cerca de 4 minutos ou até ficar cozido ao seu gosto. Retire os waffles e coloque-os em uma gradinha para esfriar um pouco.

i) Repita com a massa restante. Sirva com creme de baunilha ruibarbo; polvilhe com açúcar em pó.

35. Waffles Suflê de Três Queijos

Serve de 10 a 12

Ingredientes

- 4 ovos, separados
- 2 ¼ xícaras (540 ml) de leite
- 4 onças (115g) de manteiga derretida
- ½ xícara (40g) de queijo parmesão ralado
- ½ xícara (40 g) de queijo mussarela ralado ¼ xícara (20 g) de queijo provolone ralado
- 3 L xícaras (435 g) de farinha de trigo
- 1 colher de fermento em pó
- 1 colher de chá de bicarbonato de sódio
- 1 colher de chá de sal kosher
- 1 xícara (10 g) de cebolinha picada

Endereços

a) Configure a grelha Sear and Press com as placas de waffle. Selecione 450°F para as placas superior e inferior. Pressione Iniciar para pré-aquecer.
b) Junte as gemas, o leite e a manteiga e bata até misturar bem.
c) Coloque o queijo, a farinha, o fermento, o bicarbonato de sódio e o sal em uma tigela grande e faça um buraco no centro.

d) Despeje a mistura de ovos e dobre até combinar.
e) Bata as claras com a batedeira elétrica até formar picos firmes. Dobre a massa de waffle junto com a cebolinha picada.
f) Após a conclusão do pré-aquecimento; a luz verde de prontidão acenderá. Adicione $\frac{1}{2}$ xícara de massa a cada quadrado de waffle. Feche a tampa e cozinhe até ficar cozido e dourado. Isso levará aproximadamente 4-5 minutos ou até ficar cozido ao seu gosto.

36. waffles de manteiga

Rende 6 waffles

Ingredientes:

- 2 xícaras de farinha de trigo
- 2 colheres de sopa de polenta ou milho seco
- 2 colheres de açúcar branco
- $\frac{3}{4}$ colheres de chá de bicarbonato de sódio
- $\frac{3}{4}$ colheres de chá de sal em flocos
- $2\frac{1}{2}$ xícaras de requeijão
- 3 ovos grandes
- 1 colher de chá de extrato de baunilha puro
- 2/3 xícara de óleo vegetal

Endereços

a) Combine os ingredientes secos em uma tigela grande; bata até misturar bem. Em um copo medidor grande ou tigela separada, misture os ingredientes restantes e misture para combinar.

b) Adicione os ingredientes líquidos aos ingredientes secos e bata até ficar homogêneo.

c) Pré-aqueça a máquina de waffles na configuração desejada (o tom soará quando pré-aquecido).

d) Despeje uma pequena xícara de massa pela parte superior do bico. Quando o tom soar, o waffle está pronto. Abra com cuidado a máquina de waffles e retire os waffles assados.

e) Feche a máquina de waffles e repita com a massa restante.

37. waffles belgas

Rende 5 waffles

Ingredientes:
- 2 xícaras de farinha de trigo
- 2 colheres de polenta
- $\frac{3}{4}$ colheres de chá de sal em flocos
- $\frac{1}{2}$ colher de chá de bicarbonato de sódio
- 2 ovos grandes, separados
- $2\frac{1}{2}$ xícaras de requeijão
- $\frac{1}{4}$ xícara de óleo vegetal
- $\frac{1}{2}$ colher de chá de extrato de baunilha puro
- Uma pitada de cremor de tártaro

Endereços

a) Combine os primeiros quatro ingredientes em uma tigela grande; bata até misturar bem.

b) Em um copo medidor grande ou tigela separada, misture as gemas, o leitelho, o óleo e o extrato de baunilha e misture até ficar bem combinado.

c) Adicione os ingredientes líquidos aos ingredientes secos e bata até ficar homogêneo.

d) Coloque as claras e o cremor de tártaro em uma tigela grande separada e limpa. Usando um batedor ou batedeira equipada com um acessório batedor, bata em picos médios. Usando uma espátula grande, adicione as claras batidas ao restante da massa e dobre para combinar; certifique-se de que não há pedaços de clara de ovo na massa. Se necessário, bata para alisar a massa.

e) Pré-aqueça a máquina de waffles na configuração desejada (o tom soará quando pré-aquecido).

f) Despeje lentamente uma xícara cheia de massa pela parte superior do bico, certificando-se de permitir que a massa flua para a máquina de waffles e não encha o bico com massa de uma só vez. Quando o tom soar, o waffle está pronto.

g) Abra com cuidado a máquina de waffles e retire os waffles assados. Feche a máquina de waffles e repita com a massa restante.

38. Waffles multigrãos

Rende 4 waffles

Ingredientes:
- 1 xícara de farinha integral
- ½ xícara de farinha de trigo
- ¼ xícara de farinha de amêndoa
- ¼ xícara de gérmen de trigo
- 1 colher de chá de fermento em pó
- ½ colher de chá de sal em flocos
- ½ colher de chá de canela em pó
- ¼ colher de chá de bicarbonato de sódio
- 2 xícaras de leite sem lactose
- 2 colheres de chá de vinagre branco destilado
- 2 ovos grandes
- 2 colheres de sopa de xarope de bordo puro
- 1 colher de chá de extrato de baunilha puro
- ¼ xícara de óleo vegetal
- 2 colheres de óleo de linhaça

Endereços

a) Combine os ingredientes secos em uma tigela grande; bata até misturar bem. Em um copo medidor grande ou tigela separada, misture os ingredientes restantes e misture até ficar bem combinado.

b) Adicione os ingredientes líquidos aos ingredientes secos e bata até ficar homogêneo.
c) Pré-aqueça a máquina de waffles na configuração desejada (o tom soará quando pré-aquecido).
d) Despeje uma pequena xícara de massa pela parte superior do bico. Quando o tom soar, o waffle está pronto.
e) Abra com cuidado a máquina de waffles e retire os waffles assados. Feche a máquina de waffles e repita com a massa restante.

39. Waffles de trigo sarraceno

Rende 6 waffles

Ingredientes
- 1 ½ xícaras de farinha de trigo
- ½ xícara de farinha de trigo
- 2 colheres de polenta
- 2 colheres de açúcar branco
- ¾ colheres de chá de bicarbonato de sódio
- ¾ colheres de chá de sal em flocos
- 2½ xícaras de requeijão
- 3 ovos grandes
- 1 colher de chá de extrato de baunilha puro
- 2/3 xícara de óleo vegetal

Endereços

a) Combine os ingredientes secos em uma tigela grande; bata até misturar bem. Em um copo medidor grande ou tigela separada, misture os ingredientes restantes e misture para combinar.

b) Adicione os ingredientes líquidos aos ingredientes secos e bata até ficar homogêneo.

c) Pré-aqueça a máquina de waffles na configuração desejada.

d) Despeje uma pequena xícara de massa pela parte superior do bico. Quando o tom soar, o waffle está pronto. Abra com cuidado a máquina de waffles e retire os waffles assados.

e) Feche a máquina de waffles e repita com a massa restante.

40. Waffles de frutas e xarope de bordo

Rende 3 waffles

Ingredientes:
- 1½ xícaras de farinha de arroz
- ¼ xícara de amido de tapioca
- 2 colheres de leite em pó
- 2 colheres de açúcar branco
- 2 colheres de chá de fermento em pó
- ¾ colheres de chá de sal em flocos
- 1½ xícaras de requeijão
- 1 ovo grande
- 2 colheres de chá de extrato de baunilha puro
- 1/3 xícara de óleo vegetal

Endereços

a) Combine os ingredientes secos em uma tigela grande; bata até misturar bem. Em um copo medidor grande ou tigela separada, misture os ingredientes restantes e misture para combinar.

b) Adicione os ingredientes líquidos aos ingredientes secos e bata até ficar homogêneo.

c) Pré-aqueça a máquina de waffles na configuração desejada (o tom soará quando pré-aquecido).

d) Despeje 1 xícara cheia de massa pela parte superior do bico. Quando o tom soar, o waffle está pronto. Abra com cuidado a máquina de waffles e retire os waffles assados.

e) Feche a máquina de waffles e repita com a massa restante.

41. Waffles de Polenta e Cebolinha

Rende 6 waffles

Ingredientes:
- 2 xícaras de farinha de trigo
- $\frac{1}{2}$ xícara de polenta ou milho seco
- 1 colher de chá de sal em flocos
- $\frac{3}{4}$ colheres de chá de bicarbonato de sódio
- 2$\frac{1}{2}$ xícaras de requeijão
- 3 ovos grandes
- 2/3 xícara de óleo vegetal
- $\frac{1}{4}$ xícara de cebolinha fresca picada

Endereços

a) Combine farinha, polenta, sal e bicarbonato de sódio em uma tigela grande; bata para combinar. Em um copo medidor grande ou tigela separada, misture os ingredientes líquidos e bata para combinar.

b) Adicione aos ingredientes secos e bata até ficar homogêneo. Adicione a cebolinha.

c) Pré-aqueça a máquina de waffles na configuração desejada (o tom soará quando pré-aquecido).

d) Despeje uma pequena xícara de massa pela parte superior do bico. Quando o tom soar, o waffle está pronto. Abra com cuidado a máquina de waffles e retire os waffles assados.

e) Feche a máquina de waffles e repita com a massa restante.

42. waffles de queijo picante

Rende 6 waffles

Ingredientes:
- 2 xícaras de farinha de trigo
- $\frac{1}{4}$ xícara de polenta ou milho seco
- $\frac{3}{4}$ colheres de chá de bicarbonato de sódio
- $\frac{1}{2}$ colher de chá de sal em flocos
- $\frac{1}{4}$ colheres de chá de pimenta caiena
- $2\frac{1}{2}$ xícaras de requeijão
- 2 ovos grandes
- 2/3 xícara de óleo vegetal
- $\frac{1}{2}$ xícara de cheddar ralado

Endereços

a) Misture a farinha, polenta, bicarbonato de sódio, sal e especiarias em uma tigela grande; bata para combinar.

b) Em um copo medidor grande ou tigela separada, misture os ingredientes líquidos e bata para combinar. Adicione aos ingredientes secos e bata até ficar homogêneo. Dobre o queijo cheddar.

c) Pré-aqueça a máquina de waffles na configuração desejada (o tom soará quando pré-aquecido).

d) Despeje lentamente uma pequena xícara de massa pela parte superior do bico, certificando-se de permitir que a massa flua para a máquina de waffles e não encha o bico com massa de uma só vez.

e) Quando o tom soar, o waffle está pronto.

f) Abra com cuidado a máquina de waffles e retire os waffles assados.

g) Feche a máquina de waffles e repita com a massa restante.

43. Frango e Waffles

Rende 8 porções

Ingredientes:
- 2 xícaras de requeijão
- 1 colher de sopa de molho picante
- 1 colher de sopa de mostarda estilo Dijon
- 1½ colheres de chá de sal em flocos, dividido
- 1½ colheres de chá de pimenta preta moída na hora
- 8 peitos de frango desossados e sem pele (700g), bem picados
- 2 xícaras de farinha de trigo
- 1½ colheres de chá de fermento em pó
- 1 colher de chá de páprica
- óleo vegetal para fritar
- 4 waffles de polenta e cebolinha preparados

Endereços

a) Em uma tigela média não reativa, misture o leitelho, o molho picante, a mostarda, 1 colher de chá de sal e 1 colher de chá de pimenta moída na hora.

b) Adicione os pedaços de frango e cubra bem com a mistura de leitelho. Refrigere durante a noite.

c) Em uma tigela rasa, misture a farinha, o fermento, a páprica e o restante do sal e da pimenta.

d) Pré-aqueça sua fritadeira a 190°C.

e) Enquanto o óleo está aquecendo, forre uma assadeira com papel toalha e insira uma grade de resfriamento dentro da panela; reserva.

f) Retire o frango da mistura de leitelho e cubra levemente cada pedaço de frango uniformemente com a mistura de farinha, retirando qualquer excesso.

g) Frite o frango em lotes, cerca de 3 minutos de cada lado. A temperatura interna do frango deve registrar 80°C. Transfira para o rack de resfriamento preparado.

h) Espalhe uma manteiga composta ou maionese em cada waffle e, em seguida, coloque 2 pedaços de frango por cima; regue um molho doce salgado por cima.

44. Waffles de Limão com Sementes de Papoula

Rende 6 waffles

Ingredientes:
- 2 xícaras de farinha de trigo
- 2 colheres de polenta
- 2 colheres de açúcar branco
- 2 colheres de sopa de sementes de papoila
- $\frac{3}{4}$ colheres de chá de bicarbonato de sódio
- $\frac{3}{4}$ colheres de chá de sal em flocos
- $2\frac{1}{2}$ xícaras de requeijão
- 2 ovos grandes
- 1 colher de sopa de raspas de limão
- 1 colher de chá de suco de limão fresco
- 1 colher de chá de extrato de baunilha puro
- 2/3 xícara de óleo vegetal

Endereços

a) Combine todos os ingredientes secos em uma tigela grande; bata até misturar bem. Em um copo medidor grande ou tigela separada, misture os ingredientes restantes e misture para combinar.

b) Adicione os ingredientes líquidos aos ingredientes secos e bata até ficar homogêneo.

c) Pré-aqueça a máquina de waffles na configuração desejada.

d) Despeje uma pequena xícara de massa pela parte superior do bico. Quando o tom soar, o waffle está pronto. Abra com cuidado a máquina de waffles e retire os waffles assados.

e) Feche a máquina de waffles e repita com a massa restante.

45. Waffles de ricota e framboesa

Rende 6 waffles

Ingredientes:
- 2 xícaras de farinha de trigo
- 2 colheres de polenta
- 2 colheres de açúcar branco
- $\frac{3}{4}$ colheres de chá de bicarbonato de sódio
- $\frac{3}{4}$ colheres de chá de sal em flocos
- 2 xícaras de requeijão
- 2 ovos grandes
- 2/3 xícara de ricota
- 1 colher de chá de extrato de baunilha puro
- $\frac{1}{2}$ xícara de óleo vegetal
- $\frac{1}{4}$ xícara de geléia/conservas de framboesa

Endereços

a) Combine os ingredientes secos em uma tigela grande; bata até misturar bem. Em um copo medidor grande ou tigela separada, misture o leitelho, os ovos, a ricota, o extrato de baunilha e o óleo; bata para combinar.

b) Adicione os ingredientes líquidos aos ingredientes secos e bata até ficar homogêneo. Despeje a geléia ou conserva sobre a massa e mexa.

c) Pré-aqueça a máquina de waffles na configuração desejada (o tom soará quando pré-aquecido).

d) Despeje lentamente uma pequena xícara de massa pela parte superior do bico, certificando-se de permitir que a massa flua para a máquina de waffles e não encha o bico com massa de uma só vez.

e) Quando o tom soar, o waffle está pronto. Abra com cuidado a máquina de waffles e retire os waffles assados.

f) Feche a máquina de waffles e repita com a massa restante.

46. waffles de banana

Rende 6 waffles

Ingredientes:

- 2 xícaras de farinha de trigo
- 2 colheres de sopa de polenta ou milho seco
- 2 colheres de açúcar mascavo claro
- $\frac{3}{4}$ colheres de chá de bicarbonato de sódio
- $\frac{3}{4}$ colheres de chá de sal em flocos
- $\frac{1}{4}$ colher de chá de canela em pó
- 2 xícaras de requeijão
- 2 ovos grandes
- 1 xícara de banana amassada
- 2 colheres de chá de extrato de baunilha puro
- 2/3 xícara de óleo vegetal

Endereços

a) Combine os ingredientes secos em uma tigela grande; bata até misturar bem.

b) Em um copo medidor grande ou tigela separada, misture os ingredientes restantes e misture para combinar (certifique-se de que a banana esteja bem misturada).

c) Se houver grumos, eles podem ser alisados com uma batedeira, batedeira de bancada ou processador de alimentos.)

d) Adicione os ingredientes líquidos aos ingredientes secos e bata até ficar homogêneo.

e) Pré-aqueça a máquina de waffles na configuração desejada (o tom soará quando pré-aquecido).

f) Despeje uma pequena xícara de massa pela parte superior do bico. Quando o tom soar, o waffle está pronto. Abra com cuidado a máquina de waffles e retire os waffles assados.

g) Feche a máquina de waffles e repita com a massa restante.

47. waffles de chocolate

Rende 6 waffles

Ingredientes:
- 2 xícaras de farinha de trigo
- ½ xícara de açúcar branco
- 2/3 xícara de cacau em pó sem açúcar, peneirado
- 2 colheres de chá de fermento em pó
- ½ colher de chá de bicarbonato de sódio
- ½ colher de chá de sal em flocos
- ½ colher de chá de canela em pó
- 2½ xícaras de requeijão
- 2 ovos grandes
- 1 colher de chá de extrato de baunilha puro
- 1/3 xícara de óleo vegetal
- ½ xícara de chocolate meio amargo
- mordidas

Endereços

a) Misture a farinha, o açúcar, o cacau em pó, o fermento, o bicarbonato de sódio, o sal e a canela em uma tigela grande; bata para misturar.

b) Em um copo medidor grande ou tigela separada, misture os ingredientes líquidos e bata para combinar.

c) Adicione aos ingredientes secos e bata até ficar homogêneo. Incorpore os lanches.

d) Pré-aqueça a máquina de waffles na configuração desejada (o tom soará quando pré-aquecido).

e) Despeje uma pequena xícara de massa pela parte superior do bico. Quando o tom soar, o waffle está pronto. Abra com cuidado a máquina de waffles e retire os waffles assados.

f) Feche a máquina de waffles e repita com a massa restante.

48. Waffles de açúcar de canela

Rende 6 waffles

Ingredientes:
- 2 xícaras de farinha de trigo
- 2 colheres de sopa de polenta ou milho seco
- ¼ xícara de açúcar mascavo claro ou escuro
- 1 colher de chá de canela em pó
- ¾ colheres de chá de bicarbonato de sódio
- ¾ colheres de chá de sal em flocos
- 2½ xícaras de requeijão
- 2 ovos grandes
- 1 colher de chá de extrato de baunilha puro
- 2/3 xícara de óleo vegetal

Endereços

a) Combine os ingredientes secos em uma tigela grande; bata até misturar bem.

b) Em um copo medidor grande ou tigela separada, misture os ingredientes restantes e misture para combinar.

c) Adicione aos ingredientes secos e bata até ficar homogêneo.

d) Pré-aqueça a máquina de waffles na configuração desejada (o tom soará quando pré-aquecido).

e) Despeje uma pequena xícara de massa pela parte superior do bico. Quando o tom soar, o waffle está pronto. Abra com cuidado a máquina de waffles e retire os waffles assados.

f) Feche a máquina de waffles e repita com a massa restante.

49. Waffles de morango

rende 4 porções

Ingredientes:
- 1 litro de morangos frescos, descascados e fatiados
- 3 colheres de açúcar branco
- Uma pitada de sal em flocos
- 1 xícara de creme de leite
- 3 colheres de açúcar de confeiteiro
- ½ colher de chá de extrato de baunilha puro
- waffles preparados

Endereços

a) Em uma tigela média, misture os morangos, o açúcar branco e uma pitada de sal. Reserve para macerar até a hora de servir.

b) Em uma tigela grande, misture o creme de leite, o açúcar de confeiteiro, a baunilha e o sal.

c) Usando um mixer de mão equipado com o acessório de batedor, bata até picos médios e macios. Reserva.

d) Para servir, cubra com chantilly e, em seguida, alguns dos morangos macerados.

e) Regue um pouco do suco de morango (coletado no fundo da tigela) sobre os morangos. Polvilhe com açúcar de confeiteiro, se desejar.

f) Para cada waffle, você só precisa de cerca de 1/3 xícara de chantilly e 1/3 xícara de morangos.

PANQUECAS

50. panquecas veludo vermelho

Ingredientes:

Adição

- ½ xícara de kefir simples
- 2 colheres de açúcar em pó

Panquecas

- 1¾ xícaras de aveia em flocos tradicional
- 3 colheres de cacau em pó
- 1½ colheres de chá de fermento em pó
- 1 colher de chá de bicarbonato de sódio
- ¼ colher de chá de sal
- 3 colheres de sopa de xarope de bordo
- 2 colheres (sopa) de óleo de coco (derretido)
- 1 ½ xícaras 2% de leite desnatado
- 1 ovo grande
- 1 colher de chá de corante alimentício vermelho
- Raspas ou raspas de chocolate, para servir

Endereços

a) Para a cobertura, adicione os dois ingredientes em uma tigela pequena e mexa até combinar. Deixou de lado.

b) Para panquecas, adicione todos os itens em um liquidificador de alta velocidade e bata em alta velocidade para misturar. Certifique-se de que tudo está bem misturado.

c) Deixe a massa descansar por 5 a 10 minutos. Isso permite que todos os ingredientes se juntem e dá uma melhor consistência à massa.

d) Pulverize generosamente uma frigideira ou chapa antiaderente com óleo vegetal e aqueça em fogo médio.

e) Quando a panela estiver quente, adicione a massa usando um copo medidor de $\frac{1}{4}$ de xícara e despeje a massa na panela para fazer a panqueca. Use o copo medidor para ajudar a moldar a panqueca.

f) Cozinhe até que os lados pareçam firmes e as bolhas se formem no meio (cerca de 2 a 3 minutos), depois vire a panqueca.

g) Quando a panqueca estiver cozida desse lado, retire a panqueca do fogo e coloque em um prato.

h) Continue esses passos com o restante da massa.

i) Empilhe e sirva com cobertura e pepitas de chocolate.

51. panquecas de chocolate escuro

Ingredientes:

Enchimento

- 1 xícara de gotas de chocolate amargo
- ½ xícara de creme de leite pesado

Panquecas

- 1¾ xícaras de aveia em flocos tradicional
- 1½ colheres de chá de fermento em pó
- 1 colher de chá de bicarbonato de sódio
- ½ colher de chá de canela
- ¼ colher de chá de sal
- 2 colheres (sopa) de óleo de coco (derretido)
- 1 colher de sopa de xarope de bordo
- 1 colher de chá de extrato de baunilha
- 1 ½ xícaras 2% de leite desnatado
- 1 ovo grande
- Açúcar em pó e morangos fatiados, para servir

Endereços

Para preencher

a) Despeje as gotas de chocolate em uma tigela e despeje o creme em uma panela pequena.

b) Aqueça o creme de leite até as bordas borbulharem e, em seguida, despeje sobre o chocolate.
c) Deixe o chocolate descansar por 2 minutos (isso ajuda o chocolate a derreter), depois mexa para formar um ganache grosso.
d) Forre uma assadeira com papel manteiga.
e) Lubrifique o interior de um cortador de biscoito redondo de 2 polegadas.
f) Despeje 1 colher de chá de chocolate na assadeira e enrole para formar um círculo. Retire o cortador e continue fazendo círculos de ganache (você deve fazer cerca de seis).
g) Coloque a assadeira no freezer e congele o ganache por pelo menos 4 horas ou durante a noite.

para as panquecas

a) Adicione todos os itens, exceto os morangos, a um liquidificador de alta velocidade e bata em alta velocidade para misturar. Certifique-se de que tudo está bem misturado.
b) Despeje a massa em uma tigela e deixe descansar por 2 a 3 minutos. Isso

permite que a massa engrosse para que possa segurar o chocolate quando você virar as panquecas.
c) Pulverize generosamente uma frigideira ou chapa antiaderente com óleo vegetal e aqueça em fogo médio.
d) Quando a frigideira estiver quente, use um copo medidor de $\frac{1}{4}$ de xícara para despejar a massa na frigideira.
e) Delicadamente, abra a massa em uma forma redonda com o copo medidor.
f) Coloque 1 círculo de ganache congelado (virado com o lado quebradiço para baixo) no centro da massa e pressione suavemente na massa. Despeje mais massa sobre o círculo de ganache até cobrir.
g) Cozinhe até que a massa esteja seca ao toque (cerca de 3 a 4 minutos), depois vire a panqueca com cuidado.
h) Continue cozinhando até que o outro lado da panqueca esteja dourado.
i) Quando a panqueca estiver cozida desse lado, retire a panqueca do fogo e coloque-a em um prato.

j) Continue com a massa restante e o chocolate.
k) Sirva as panquecas com açúcar em pó e morangos fatiados.

52. Panquecas de abacaxi de cabeça para baixo

Ingredientes:

- 1 lata (20 onças) anéis de abacaxi (escorridos)
- 1¾ xícaras de aveia em flocos tradicional
- 1½ colheres de chá de fermento em pó
- 1 colher de chá de bicarbonato de sódio
- ½ colher de chá de canela
- ¼ colher de chá de sal
- 2 colheres de sopa de xarope de bordo
- 2 colheres (sopa) de óleo de coco (derretido)
- 1 ½ xícaras 2% de leite desnatado
- 1 ovo grande
- açúcar mascavo
- Cerejas ao Maraschino (com o caule e cortadas ao meio), para servir

Endereços

a) Coloque os anéis de abacaxi em uma dupla camada de papel toalha para drenar o excesso de líquido.

b) Adicione todos os itens, exceto o abacaxi, o açúcar mascavo e as cerejas ao marrasquino, em um liquidificador de alta velocidade e bata em alta velocidade para misturar. Certifique-se de que tudo está bem misturado.

c) Despeje a massa em uma tigela e deixe descansar por 2 a 3 minutos. Isso permite que a massa engrosse para que ela possa segurar os anéis de abacaxi quando você virar as panquecas.

d) Pulverize generosamente uma frigideira ou chapa antiaderente com óleo vegetal e aqueça em fogo médio.

e) Quando a panela estiver quente, use um copo medidor de $\frac{1}{4}$ de xícara para despejar a massa na panela. Delicadamente, abra a massa em uma forma redonda com o copo medidor.

f) Coloque o anel de abacaxi no centro da massa e pressione-o suavemente na massa. Polvilhe levemente um pouco de açúcar mascavo diretamente em cima do anel de abacaxi.

g) Cozinhe até que a massa esteja seca ao toque (cerca de 3 a 4 minutos), depois vire a panqueca com cuidado.

h) Continue cozinhando até que o abacaxi esteja bom e caramelizado.

i) Quando a panqueca estiver cozida desse lado, retire a panqueca do fogo e coloque-a em um prato.
j) Sirva cada panqueca com uma cereja maraschino colocada no centro do abacaxi.

53. panquecas de limão

Ingredientes:

Merengue

- 4 claras de ovo grandes
- 3 colheres de açúcar

Panquecas

- 2 ovos
- ½ xícara de requeijão
- ½ colher de chá de extrato de baunilha
- 1 colher de mel
- ¼ xícara de farinha de espelta
- ½ colher de chá de fermento em pó
- ¼ colher de chá de bicarbonato de sódio
- 2 colheres de chá de mistura de gelatina de limão sem açúcar

Endereços

para o merengue

a) Adicione as claras em uma tigela e bata até formar picos moles. Os picos suaves ocorrem quando você puxa os batedores para fora da mistura e o pico se forma, mas cai rapidamente.

b) Adicione o açúcar às claras e continue batendo até formar picos firmes. Picos rígidos ocorrem quando você

puxa os batedores para fora da mistura e o pico se forma e mantém sua forma.
c) Deixe o merengue de lado.
d) Bata os ovos, o requeijão, a baunilha e o mel e reserve.
e) Em outra tigela, misture os ingredientes secos até misturar bem.
f) Adicione os ingredientes molhados aos ingredientes secos e misture até ficar bem combinado.
g) Pulverize generosamente uma frigideira ou chapa antiaderente com óleo vegetal e aqueça em fogo médio.
h) Quando a panela estiver quente, adicione a massa usando um copo medidor de $\frac{1}{4}$ de xícara e despeje a massa na panela para fazer a panqueca. Use o copo medidor para ajudar a moldar a panqueca.
i) Cozinhe até que os lados pareçam firmes e as bolhas se formem no meio (cerca de 2 a 3 minutos), depois vire a panqueca.

j) Quando a panqueca estiver cozida desse lado, retire a panqueca do fogo e coloque em um prato.
k) Continue esses passos com o restante da massa.
l) Top panquecas com merengue.
m) Para torrar o merengue, você pode usar um maçarico para dourar levemente as bordas ou colocar as panquecas cobertas em uma grelha quente por 2-3 minutos.

54. panquecas de canela

Ingredientes:

Cobertura de Creme de Caju

- 1 xícara de castanha de caju crua
- ⅓ xícara de água
- 2 colheres de mel
- 1 colher de chá de vinagre de maçã
- 1 colher de chá de suco de limão
- ½ colher de chá de extrato de baunilha
- ½ colher de chá de sal kosher

Recheio de Canela

- ½ xícara de açúcar mascavo
- 4 colheres de manteiga, derretida
- 3 colheres de chá de canela

Panquecas

- 1¾ xícaras de aveia em flocos tradicional
- 1½ colheres de chá de fermento em pó
- 1 colher de chá de bicarbonato de sódio
- ½ colher de chá de canela
- ¼ colher de chá de sal
- 2 colheres de sopa de óleo de coco, derretido
- 1 colher de sopa de xarope de bordo
- 1 ovo grande
- 1 colher de chá de extrato de baunilha
- 1 ½ xícaras 2% de leite desnatado

Endereços

a) Mergulhe as castanhas de caju em água durante a noite.
b) Escorra as castanhas de caju e, em seguida, adicione-as ao liquidificador junto com o restante dos ingredientes.
c) Bata a mistura de castanha de caju até ficar cremosa e sem grumos.
d) Raspe o glacê em um recipiente pequeno com tampa e reserve.

Para o Recheio de Canela

a) Adicione todos os ingredientes e mexa para combinar, certificando-se de quebrar todos os caroços.
b) Despeje esta mistura em um saco de sanduíche. Você vai cortar a ponta do canto do saco e usá-lo como um saco de aperto para canalizar o redemoinho de canela nas panquecas.

para as panquecas

a) Adicione todos os ingredientes em um liquidificador. O óleo de coco derretido pode endurecer quando combinado com ingredientes mais frios, então você pode

aquecer o leite um pouco para ajudar a evitar que isso aconteça, se desejar.
b) Bata tudo no liquidificador até obter um líquido homogêneo.
c) Despeje a mistura de panqueca em uma tigela grande.
d) Deixe a massa descansar por 5 a 10 minutos. Isso permite que todos os ingredientes se juntem e dá uma melhor consistência à massa.
e) Pulverize generosamente uma frigideira ou chapa antiaderente com óleo vegetal e aqueça em fogo médio.
f) Quando a panela estiver quente, adicione a massa usando um copo medidor de $\frac{1}{4}$ de xícara e despeje a massa sobre a panela para fazer a panqueca. Delicadamente, abra a massa em uma forma redonda com o copo medidor.
g) Corte a ponta do saco de recheio de canela e esprema um redemoinho de canela sobre a panqueca.
h) Cozinhe até que os lados pareçam firmes e as bolhas se formem no meio (cerca de 2 a 3 minutos), depois vire a panqueca.

i) Quando a panqueca estiver cozida desse lado, retire a panqueca do fogo e coloque em um prato.
j) Sirva as panquecas com cobertura de cream cheese de caju.

55. panquecas de kefir

Ingredientes:

- 1½ xícaras de farinha de espelta
- 1½ colheres de chá de fermento em pó
- 1 colher de chá de bicarbonato de sódio
- ½ colher de chá de sal
- 2 colheres de sopa de óleo de coco, derretido
- 2 ovos grandes, batidos
- ¼ xícara de leite desnatado a 2%
- 1¼ xícaras de kefir simples, ligeiramente quente
- ¼ xícara de xarope de bordo
- Mirtilos, para servir (opcional)

Endereços

a) Adicione a farinha, o fermento, o bicarbonato de sódio e o sal em uma tigela grande e misture bem.

b) Adicione os ingredientes restantes em outra tigela e bata para misturar bem. O óleo de coco derretido pode endurecer quando combinado com ingredientes mais frios, então você pode aquecer o leite um pouco para ajudar a evitar que isso aconteça, se desejar.

c) Despeje os ingredientes molhados nos ingredientes secos e bata para combinar até que todos os ingredientes estejam úmidos.
d) Deixe a massa descansar por 2 a 3 minutos. Isso permite que todos os ingredientes se juntem e dá uma melhor consistência à massa.
e) Pulverize generosamente uma frigideira ou chapa antiaderente com óleo vegetal e aqueça em fogo médio.
f) Quando a panela estiver quente, adicione a massa usando um copo medidor de $\frac{1}{4}$ de xícara e despeje a massa na panela para fazer a panqueca. Use o copo medidor para ajudar a moldar a panqueca.
g) Cozinhe até que os lados pareçam firmes e as bolhas se formem no meio (cerca de 2 a 3 minutos), depois vire a panqueca.
h) Quando a panqueca estiver cozida desse lado, retire a panqueca do fogo e coloque em um prato.
i) Continue esses passos com o restante da massa. Sirva com mirtilos, se desejar.

56. panquecas de requeijão

Ingredientes:

- ¼ xícara de farinha de espelta
- ½ colher de chá de fermento em pó
- ¼ colher de chá de bicarbonato de sódio
- ⅛ colher de chá de canela
- ⅛ Colher de chá de sal
- 2 ovos grandes, batidos
- ½ xícara de queijo cottage com baixo teor de gordura 2%
- 1 colher de mel
- ½ colher de chá de extrato de baunilha
- Morangos, para servir (opcional)

Endereços

a) Adicione todos os ingredientes secos em uma tigela e misture até misturar bem.
b) Em uma tigela separada, misture os ingredientes molhados.
c) Adicione os ingredientes molhados aos ingredientes secos e misture bem para combinar.
d) Deixe a massa descansar por 5 a 10 minutos. Isso permite que todos os ingredientes se juntem e dá uma melhor consistência à massa.

e) Pulverize generosamente uma frigideira ou chapa antiaderente com óleo vegetal e aqueça em fogo médio.

f) Quando a panela estiver quente, adicione a massa usando um copo medidor de $\frac{1}{4}$ de xícara e despeje a massa na panela para fazer a panqueca. Use o copo medidor para ajudar a moldar a panqueca.

g) Cozinhe até que os lados pareçam firmes e as bolhas se formem no meio (cerca de 2 a 3 minutos), depois vire a panqueca.

h) Quando a panqueca estiver cozida desse lado, retire a panqueca do fogo e coloque em um prato.

i) Continue esses passos com o restante da massa. Sirva com morangos, se desejar.

57. panquecas de aveia

Ingredientes:

- 1¾ xícaras de aveia em flocos tradicional
- 1½ colheres de chá de fermento em pó
- 1 colher de chá de bicarbonato de sódio
- ½ colher de chá de canela
- ¼ colher de chá de sal
- 2 colheres de sopa de óleo de coco, derretido
- 1 colher de sopa de xarope de bordo
- 1 ovo grande
- 1 colher de chá de extrato de baunilha
- 1 ½ xícaras 2% de leite desnatado
- Morangos e mirtilos, para servir (opcional)

Endereços

a) Adicione todos os ingredientes em um liquidificador. O óleo de coco derretido pode endurecer quando combinado com ingredientes mais frios, então você pode aquecer o leite um pouco para ajudar a evitar que isso aconteça, se desejar.

b) Bata tudo no liquidificador até obter um líquido homogêneo.

c) Despeje a mistura de panqueca em uma tigela grande.

d) Deixe a massa descansar por 5 a 10 minutos. Isso permite que todos os ingredientes se juntem e dá uma melhor consistência à massa.

e) Pulverize generosamente uma frigideira ou chapa antiaderente com óleo vegetal e aqueça em fogo médio.

f) Quando a panela estiver quente, adicione a massa usando um copo medidor de $\frac{1}{4}$ de xícara e despeje a massa na panela para fazer a panqueca. Use o copo medidor para ajudar a moldar a panqueca.

g) Cozinhe até que os lados pareçam firmes e as bolhas se formem no meio (cerca de 2 a 3 minutos), depois vire a panqueca.

h) Quando a panqueca estiver cozida desse lado, retire a panqueca do fogo e coloque em um prato.

i) Continue esses passos com o restante da massa. Sirva com frutas, se desejar.

58. 3 panquecas de ingredientes

Ingredientes:
- 1 banana madura e mais para servir
- 2 ovos grandes
- ½ colher de chá de fermento em pó

Endereços

a) Adicione a banana a uma tigela e amasse até ficar bem e cremoso, sem grumos.

b) Quebre os ovos em outra tigela e bata até misturar bem.

c) Adicione o fermento em pó à tigela de banana e despeje os ovos. Bata para combinar tudo completamente.

d) Pulverize generosamente uma frigideira ou chapa antiaderente com óleo vegetal e aqueça em fogo médio.

e) Quando a panela estiver quente, adicione 2 colheres de sopa de massa na panela para fazer a panqueca.

f) Cozinhe até que os lados pareçam firmes (você não verá bolhas) e, em seguida, vire a panqueca com cuidado.

g) Quando a panqueca estiver cozida desse lado, retire a panqueca do fogo e coloque-a em um prato.

h) Continue esses passos com o restante da massa. Sirva com fatias de banana, se desejar.

59. panquecas de manteiga de amêndoa

Ingredientes:

- 1 ovo grande
- 1 colher de sopa de óleo de coco, derretido
- 1 colher de sopa de xarope de bordo
- 1 colher de sopa de manteiga de amêndoa, e mais para servir
- 1 colher de chá de fermento em pó
- $\frac{1}{2}$ colher de chá de extrato de baunilha
- $\frac{1}{4}$ colher de chá de sal
- $\frac{1}{2}$ xícara de leite com baixo teor de gordura 2%
- $\frac{3}{4}$ xícara de farinha de espelta
- cerejas, para servir (opcional)

Endereços

a) Em uma tigela grande, adicione o ovo, óleo de coco, xarope de bordo, manteiga de amêndoa, fermento em pó, baunilha e sal e misture bem.

b) Adicione o leite à mistura e bata novamente para combinar.

c) Adicione a farinha à mistura e bata para misturar bem os ingredientes.

d) Deixe a massa descansar por 2 a 3 minutos. Isso permite que a massa engrosse para que todos os ingredientes se juntem.
e) Pulverize generosamente uma frigideira ou chapa antiaderente com óleo vegetal e aqueça em fogo médio.
f) Quando a panela estiver quente, adicione a massa usando um copo medidor de $\frac{1}{4}$ de xícara e despeje a massa na panela para fazer a panqueca. Use o copo medidor para ajudar a moldar a panqueca.
g) Cozinhe até que os lados pareçam firmes e as bolhas se formem no meio (cerca de 2 a 3 minutos), depois vire a panqueca.
h) Quando a panqueca estiver cozida desse lado, retire a panqueca do fogo e coloque em um prato.
i) Continue esses passos com o restante da massa.
j) Sirva as panquecas com manteiga de amêndoa derretida e cerejas, se desejar. Para derreter a manteiga de amêndoa, coloque a quantidade desejada em um prato próprio para micro-ondas e aqueça

em potência alta em intervalos de 30 segundos até derreter. Mexa entre o aquecimento.

60. panquecas tiramisu

Ingredientes:

- 1¾ xícaras de aveia em flocos tradicional
- 1 ½ colheres de sopa de mistura para pudim de gelatina de baunilha sem açúcar
- 2 colheres de café expresso instantâneo
- 1½ colheres de chá de cacau em pó
- 1½ colheres de chá de fermento em pó
- 1 colher de chá de bicarbonato de sódio
- ½ colher de chá de canela
- ¼ colher de chá de sal
- 2 colheres de sopa de óleo de coco, derretido
- 1 colher de sopa de xarope de bordo
- 1 ovo grande
- 1 colher de chá de extrato de baunilha
- 1 xícara de leite desnatado 2%
- Natas batidas, para servir
- Pepitas de chocolate, para servir

Endereços

a) Adicione todos os ingredientes, exceto o chantilly e as gotas de chocolate, no liquidificador. O óleo de coco derretido pode endurecer quando combinado com ingredientes mais frios, então você pode

aquecer o leite um pouco para ajudar a evitar que isso aconteça, se desejar.

b) Bata tudo no liquidificador até obter um líquido homogêneo.

c) Despeje a mistura de panqueca em uma tigela grande.

d) Deixe a massa descansar por 2 a 3 minutos. Isso permite que todos os ingredientes se juntem e dá uma melhor consistência à massa.

e) Pulverize generosamente uma frigideira ou chapa antiaderente com óleo vegetal e aqueça em fogo médio.

f) Quando a panela estiver quente, adicione a massa usando um copo medidor de $\frac{1}{4}$ de xícara e despeje a massa na panela para fazer a panqueca. Use o copo medidor para ajudar a moldar a panqueca.

g) Cozinhe até que os lados pareçam firmes e as bolhas se formem no meio (cerca de 2 a 3 minutos), depois vire a panqueca.

h) Quando a panqueca estiver cozida desse lado, retire a panqueca do fogo e coloque em um prato.

i) Continue esses passos com o restante da massa.
j) Cubra com chantilly e raspas de chocolate.

61. Panquecas de limão e mirtilo

Ingredientes:

- 1½ xícaras de farinha de espelta
- 1½ colheres de chá de fermento em pó
- 1 colher de chá de bicarbonato de sódio
- ½ colher de chá de sal
- Raspas de 1 limão
- 2 colheres de sopa de óleo de coco, derretido
- 2 ovos grandes, batidos
- ¼ xícara de leite desnatado a 2%
- ¼ xícara de xarope de bordo, além de mais para servir
- 1 ¼ xícaras de kefir simples (ligeiramente aquecido)
- ½ xícara de mirtilos

Endereços

a) Adicione a farinha, o fermento, o bicarbonato de sódio e o sal em uma tigela grande e misture bem.

b) Adicione o óleo de coco, ovos, leite, xarope de bordo, raspas de limão e kefir em uma tigela e misture para combinar. O óleo de coco derretido pode endurecer quando combinado com ingredientes mais frios, então você pode aquecer levemente o kefir para ajudar a evitar que isso aconteça, se desejar.

c) Despeje os ingredientes molhados nos ingredientes secos e bata para combinar até que todos os ingredientes estejam úmidos.

d) Deixe a massa descansar por 2 a 3 minutos. Isso permite que todos os ingredientes se juntem e dá uma melhor consistência à massa.

e) Pulverize generosamente uma frigideira ou chapa antiaderente com óleo vegetal e aqueça em fogo médio.

f) Quando a panela estiver quente, adicione a massa usando um copo medidor de $\frac{1}{4}$ de xícara e despeje a massa na panela para fazer a panqueca. Use o copo medidor para ajudar a moldar a panqueca.

g) Coloque 3-5 mirtilos em cada panqueca. Mantenha as frutas em direção ao centro para tornar mais fácil virar a panqueca.

h) Cozinhe até que os lados pareçam firmes e as bolhas se formem no meio (cerca de 2 a 3 minutos), depois vire a panqueca.

i) Quando a panqueca estiver cozida desse lado, retire a panqueca do fogo e coloque em um prato.

j) Continue esses passos com o restante da massa. Sirva com xarope de bordo.

62. panquecas de quinoa

Ingredientes:

- 1 xícara (de qualquer cor) de quinoa cozida
- ¾ xícara de farinha de quinoa
- 2 colheres de chá de fermento em pó
- ½ colher de chá de sal
- 1 colher de manteiga derretida
- ¼ xícara de iogurte grego
- 2 colheres de sopa de leite desnatado a 2%
- 2 ovos grandes, batidos
- 2 colheres de sopa de xarope de bordo
- 1 colher de chá de extrato de baunilha
- Conservas de frutas, para servir (opcional)

a) Em uma tigela grande, adicione a quinoa, a farinha, o fermento e o sal e misture bem.

b) Em outra tigela, creme de manteiga, iogurte, leite, ovos, xarope de bordo e baunilha. Bata tudo para que fique bem misturado.

c) Adicione os ingredientes molhados aos ingredientes secos e misture até ficar bem combinado.

d) Deixe a massa descansar por 2 a 3 minutos. Isso permite que todos os ingredientes se juntem e dá uma melhor consistência à massa.

e) Pulverize generosamente uma frigideira ou chapa antiaderente com óleo vegetal e aqueça em fogo médio.

f) Quando a panela estiver quente, adicione a massa usando um copo medidor de $\frac{1}{4}$ de xícara e despeje a massa na panela para fazer a panqueca. Use o copo medidor para ajudar a moldar a panqueca.

g) Cozinhe até que os lados pareçam firmes e as bolhas se formem no meio (cerca de 2 a 3 minutos), depois vire a panqueca.

h) Quando a panqueca estiver cozida desse lado, retire a panqueca do fogo e coloque em um prato.

i) Continue esses passos com o restante da massa. Sirva com geleia de frutas, se desejar.

63. Panquecas de aveia com iogurte grego

Ingredientes:

- 1¾ xícaras de aveia em flocos tradicional
- 1½ colheres de chá de fermento em pó
- 1 colher de chá de bicarbonato de sódio
- ½ colher de chá de canela
- ¼ colher de chá de sal
- 1 ovo grande
- 2 colheres de sopa de óleo de coco, derretido
- 1 colher de sopa de xarope de bordo, além de mais para servir
- 1 colher de chá de extrato de baunilha
- 1 xícara de iogurte grego natural
- ¼ xícara de leite desnatado a 2%

Endereços

a) Adicione todos os ingredientes em um liquidificador. O óleo de coco derretido pode endurecer quando combinado com ingredientes mais frios, então você pode aquecer o leite um pouco para ajudar a evitar que isso aconteça, se desejar.

b) Bata tudo no liquidificador até obter um líquido homogêneo.

c) Despeje a mistura de panqueca em uma tigela grande.

d) Deixe a massa descansar por 5 a 10 minutos. Isso permite que todos os ingredientes se juntem e dá uma melhor consistência à massa.

e) Pulverize generosamente uma frigideira ou chapa antiaderente com óleo vegetal e aqueça em fogo médio.

f) Quando a panela estiver quente, adicione a massa usando um copo medidor de $\frac{1}{4}$ de xícara e despeje a massa na panela para fazer a panqueca. Use o copo medidor para ajudar a moldar a panqueca.

g) Cozinhe até que os lados pareçam firmes e as bolhas se formem no meio (cerca de 2 minutos), depois vire a panqueca.

h) Quando a panqueca estiver cozida desse lado, retire a panqueca do fogo e coloque em um prato.

i) Continue esses passos com o restante da massa. Sirva com xarope de bordo.

64. panquecas de gengibre

Ingredientes:

Adição

- ¼ xícara de iogurte grego natural
- 1 colher de sopa de xarope de bordo

Panquecas

- 1 xícara de farinha de espelta
- 1 colher de chá de bicarbonato de sódio
- 1 colher de chá de gengibre em pó
- 1 colher de chá de pimenta da Jamaica
- 1 colher de chá de canela
- ¼ colher de chá de cravo moído
- ¼ colher de chá de sal
- 1 ovo grande
- ½ xícara de leite com baixo teor de gordura 2%
- 3 colheres de sopa de xarope de bordo
- 1 colher de chá de extrato de baunilha

Endereços

a) Misture o iogurte grego e o xarope de bordo até ficar bem combinado e reserve.

b) Em uma tigela grande, adicione a farinha de espelta, bicarbonato de sódio, gengibre, pimenta da Jamaica, canela, cravo e sal e misture bem.

c) Em outra tigela, misture o ovo, o leite, o xarope de bordo e a baunilha até misturar bem.

d) Adicione os ingredientes molhados aos ingredientes secos e misture até ficar bem combinado.

e) Deixe a massa descansar por 2 a 3 minutos. Isso permite que todos os ingredientes se juntem e dá uma melhor consistência à massa.

f) Pulverize generosamente uma frigideira ou chapa antiaderente com óleo vegetal e aqueça em fogo médio.

g) Quando a panela estiver quente, adicione a massa usando um copo medidor de $\frac{1}{4}$ de xícara e despeje a massa na panela para fazer a panqueca.

h) Cozinhe até que as laterais pareçam firmes e as bolhas se formem no meio.

i) Quando a panqueca estiver cozida desse lado, retire a panqueca do fogo e coloque em um prato.

j) Continue esses passos com o restante da massa. Sirva com cobertura de iogurte.

65. panquecas de iogurte grego

Ingredientes:
- 1 xícara de farinha de espelta
- ½ colher de chá de fermento em pó
- ½ colher de chá de bicarbonato de sódio
- ¾ xícara de iogurte grego natural
- ½ xícara + 2 colheres de sopa de leite desnatado a 2%
- 1 ovo grande
- 2 colheres de sopa de xarope de bordo

Endereços

a) Adicione a farinha, o fermento e o bicarbonato de sódio em uma tigela e misture para combinar.

b) Em outra tigela, misture o iogurte, o leite, o ovo e o xarope de bordo até ficar bem combinado.

c) Adicione os ingredientes molhados aos ingredientes secos e misture até ficar bem combinado.

d) Deixe a massa descansar por 2 a 3 minutos. Isso permite que todos os ingredientes se juntem e dá uma melhor consistência à massa.

e) Pulverize generosamente uma frigideira ou chapa antiaderente com óleo vegetal e aqueça em fogo médio.

f) Quando a panela estiver quente, adicione a massa usando um copo medidor de $\frac{1}{4}$ de xícara e despeje a massa na panela para fazer a panqueca. Use o copo medidor para ajudar a moldar a panqueca.

g) Cozinhe até que os lados pareçam firmes e as bolhas se formem no meio (cerca de 2 a 3 minutos), depois vire a panqueca.

h) Quando a panqueca estiver cozida desse lado, retire a panqueca do fogo e coloque em um prato.

i) Continue esses passos com o restante da massa.

66. Panquecas de biscoito de aveia e passas

Ingredientes:

Adição

- ½ xícara de açúcar em pó
- 1 colher de sopa de leite desnatado a 2%

Panquecas

- 1¾ xícaras de aveia em flocos tradicional
- 2 colheres de açúcar mascavo
- 1½ colheres de chá de fermento em pó
- 1 colher de chá de bicarbonato de sódio
- ½ colher de chá de canela
- ¼ colher de chá de sal
- 2 colheres de sopa de óleo de coco, derretido
- 1 colher de chá de extrato de baunilha
- 1 xícara de leite desnatado 2%
- ⅓ xícara de passas douradas picadas

Endereços

Para o enfeite

a) Em uma tigela pequena, misture o açúcar em pó e o leite até ficar homogêneo. Deixou de lado.

b) para as panquecas

c) Adicione todos os ingredientes, exceto as passas, ao liquidificador. O óleo de coco derretido pode endurecer quando combinado com ingredientes mais frios, então você pode aquecer o leite um pouco para ajudar a evitar que isso aconteça, se desejar.

d) Bata tudo no liquidificador até obter um líquido homogêneo.
e) Despeje a mistura de panqueca em uma tigela grande.
f) Adicione as passas picadas.
g) Deixe a massa descansar por 5 a 10 minutos. Isso permite que todos os ingredientes se juntem e dá uma melhor consistência à massa.
h) Pulverize generosamente uma frigideira ou chapa antiaderente com óleo vegetal e aqueça em fogo médio.
i) Quando a panela estiver quente, adicione a massa usando um copo medidor de $\frac{1}{4}$ de xícara e despeje a massa na panela para fazer a panqueca. Use o copo medidor para ajudar a moldar a panqueca.
j) Cozinhe até que os lados pareçam firmes e as bolhas se formem no meio (cerca de 2 a 3 minutos), depois vire a panqueca.

k) Quando a panqueca estiver cozida desse lado, retire a panqueca do fogo e coloque em um prato.
l) Continue esses passos com o restante da massa.
m) Cubra com cobertura de açúcar.

67. Panquecas de Manteiga de Amendoim e Geleia

Ingredientes:
- 1½ xícaras de farinha de espelta
- ¾ xícara de manteiga de amendoim em pó
- 1½ colheres de chá de fermento em pó
- 1 colher de chá de bicarbonato de sódio
- ½ colher de chá de sal
- 2 ovos grandes, batidos
- 1 colher de manteiga, derretida
- 1 ½ xícaras 2% de leite desnatado
- Geleia de uva Concord, para servir

Endereços

a) Adicione a farinha, a manteiga de amendoim em pó, o fermento, o bicarbonato de sódio e o sal a uma tigela e misture para combinar.

b) Em outra tigela, misture os ovos, a manteiga e o leite até misturar bem.

c) Adicione os ingredientes molhados aos ingredientes secos e misture até ficar bem combinado.

d) Deixe a massa descansar por 2 a 3 minutos. Isso permite que todos os ingredientes se juntem e dá uma melhor consistência à massa.

e) Pulverize generosamente uma frigideira ou chapa antiaderente com óleo vegetal e aqueça em fogo médio.

f) Quando a panela estiver quente, adicione a massa usando um copo medidor de $\frac{1}{4}$ de xícara e despeje a massa na panela para fazer a panqueca. Use o copo medidor para ajudar a moldar a panqueca.

g) Cozinhe até que os lados pareçam firmes e as bolhas se formem no meio (cerca de 2 a 3 minutos), depois vire a panqueca.

h) Quando a panqueca estiver cozida desse lado, retire a panqueca do fogo e coloque em um prato.

i) Continue esses passos com o restante da massa. Cubra com a geleia de uva.

68. panquecas de pancetta

Ingredientes:

- 8 fatias de bacon cortadas no centro
- 1½ xícaras de farinha de espelta
- 1½ colheres de chá de fermento em pó
- 1 colher de chá de bicarbonato de sódio
- ½ colher de chá de sal
- 2 ovos grandes, batidos
- 1 colher de manteiga, derretida
- 1 colher de chá de extrato de baunilha
- 1¼ xícaras 2% de leite desnatado
- ¼ xícara de xarope de bordo

Endereços

a) Pré-aqueça o forno a 350 ° F.
b) Disponha o bacon, em uma única camada, em uma assadeira forrada com papel manteiga. Isso facilita muito a limpeza.
c) Deslize o bacon no forno e cozinhe por 30 minutos, ou até que o bacon esteja pronto.
d) Retire o bacon do forno e coloque em um prato forrado com papel toalha para esfriar.

e) Em uma tigela grande, adicione a farinha, o fermento, o bicarbonato de sódio e o sal. Bata para combinar os ingredientes.

f) Em outra tigela, adicione os ovos, manteiga, baunilha, leite e xarope de bordo e misture para combinar.

g) Adicione os ingredientes molhados aos ingredientes secos e bata para misturar bem.

h) Deixe a massa descansar por 2 a 3 minutos. Isso permite que todos os ingredientes se juntem e dá uma melhor consistência à massa.

i) Pulverize generosamente uma frigideira ou chapa antiaderente com óleo vegetal e aqueça em fogo médio.

j) Quando a frigideira estiver quente, coloque uma tira de bacon na frigideira. Despeje $\frac{1}{4}$ xícara de massa sobre o bacon. Espalhe a massa uniformemente sobre o bacon, bem como as laterais do bacon.

k) Cozinhe até que os lados pareçam firmes e, em seguida, vire a panqueca para cozinhar. Você pode notar que essas panquecas cozinham um pouco mais rápido no lado do bacon.

l) Quando a panqueca estiver cozida desse lado, retire a panqueca do fogo e coloque-a em um prato.

m) Continue esses passos com o restante da massa.

69. Panquecas de framboesa e amêndoa

Ingredientes:

- 1 ½ xícaras de framboesas congeladas, descongeladas
- 2 colheres de mel
- 1½ xícaras de farinha de amêndoa
- 1 colher de chá de fermento em pó
- ¼ colher de chá de sal
- ¼ colher de chá de canela
- 2 ovos grandes, batidos
- ¼ xícara de leite desnatado a 2%
- 1 colher de sopa de xarope de bordo
- 1 colher de chá de extrato de baunilha

Endereços

a) Misture as framboesas com o mel. À medida que você mistura a fruta, amasse-a também para extrair mais líquido.

b) Despeje a cobertura de framboesa em um saco de sanduíche, feche e reserve.

c) para as panquecas

d) Adicione a farinha, o fermento, o sal e a canela em uma tigela e misture bem.

e) Em uma tigela separada, misture os ingredientes restantes.

f) Adicione os ingredientes molhados aos ingredientes secos e misture bem para combinar.

g) Deixe a massa descansar por 5 a 10 minutos. Isso permite que todos os ingredientes se juntem e dá uma melhor consistência à massa.

h) Pulverize generosamente uma frigideira ou chapa antiaderente com óleo vegetal e aqueça em fogo médio-alto.

i) Quando a panela estiver quente, adicione a massa usando um copo medidor de $\frac{1}{4}$ de xícara e despeje a massa na panela para fazer a panqueca. Delicadamente, abra a massa em uma forma redonda com o copo medidor.

j) Corte um canto do saco contendo a cobertura de framboesa e regue um pouco por cima da panqueca. Use um palito para arrastar as framboesas pela base da panqueca.

k) Cozinhe até que os lados pareçam firmes e as bolhas se formem no meio (cerca de 2 a 3 minutos), depois vire a panqueca.

l) Quando a panqueca estiver cozida desse lado, retire a panqueca do fogo e coloque em um prato.

m) Continue esses passos com o restante da massa.

n) Cubra com o restante da cobertura de framboesa.

70. Panquecas de amendoim, banana e chocolate

Ingredientes:

- 1 xícara de farinha de espelta
- $\frac{1}{4}$ xícara de manteiga de amendoim em pó
- $\frac{1}{2}$ colher de chá de fermento em pó
- $\frac{1}{2}$ colher de chá de bicarbonato de sódio
- $\frac{3}{4}$ xícara de iogurte grego natural
- 1 banana madura média, amassada, e mais para servir (opcional)
- $\frac{1}{4}$ xícara + 2 colheres de sopa de leite desnatado a 2%
- 1 ovo grande
- 2 colheres de sopa de xarope de bordo
- $\frac{1}{2}$ xícara de gotas de chocolate e mais para servir (opcional)
- Manteiga de amendoim, para servir (opcional)

Endereços

a) Adicione a farinha, a manteiga de amendoim em pó, o fermento e o bicarbonato de sódio em uma tigela e misture para combinar.

b) Em outra tigela, misture o iogurte, a banana amassada, o leite, o ovo e o xarope de bordo até misturar.

c) Adicione os ingredientes molhados aos ingredientes secos e misture até ficar bem combinado.

d) Adicione as gotas de chocolate.

e) Deixe a massa descansar por 2 a 3 minutos. Isso permite que todos os ingredientes se juntem e dá uma melhor consistência à massa.

f) Pulverize generosamente uma frigideira ou chapa antiaderente com óleo vegetal e aqueça em fogo médio.

g) Quando a panela estiver quente, adicione a massa usando um copo medidor de $\frac{1}{4}$ de xícara e despeje a massa na panela para fazer a panqueca. Use o copo medidor para ajudar a moldar a panqueca.

h) Cozinhe até que os lados pareçam firmes e as bolhas se formem no meio (cerca de 2 a 3 minutos), depois vire a panqueca.

i) Quando a panqueca estiver cozida desse lado, retire a panqueca do fogo e coloque em um prato.

j) Continue esses passos com o restante da massa.

71. Panquecas de coco e baunilha

Ingredientes:

Cobertura de baunilha

- 1 xícara de leite de coco integral enlatado
- ¼ xícara de xarope de bordo
- 1½ colheres de chá de extrato de baunilha
- Uma pequena pitada de sal

Panquecas

- 1½ xícaras de farinha de espelta
- ¼ xícara de coco ralado sem açúcar, torrado (e mais para servir)
- 1½ colheres de chá de fermento em pó
- 1 colher de chá de bicarbonato de sódio
- ½ colher de chá de sal
- 2 ovos grandes, batidos
- 2 colheres de sopa de óleo de coco, derretido
- 1 colher de extrato de baunilha
- ¼ xícara de xarope de bordo
- ¼ xícara de leite de coco integral enlatado
- 1 ¼ xícaras de kefir simples

Endereços

a) Adicione todos os ingredientes em uma panela pequena e aqueça em fogo médio.
b) Mexa de vez em quando e cozinhe até que a mistura comece a engrossar (aproximadamente 7 minutos).
c) Retire do fogo para deixar esfriar um pouco.
d) para as panquecas
e) Em uma tigela grande, adicione a farinha, o coco, o fermento, o bicarbonato de sódio e o sal. Bata para combinar os ingredientes.
f) Em outra tigela, adicione os ovos, óleo de coco, baunilha, xarope de bordo, leite de coco e kefir e misture. O óleo de coco derretido pode endurecer quando combinado com ingredientes mais frios, então você pode aquecer levemente o kefir para ajudar a evitar que isso aconteça, se desejar.
g) Adicione os ingredientes molhados aos ingredientes secos e bata para misturar bem.
h) Deixe a massa descansar por 2 a 3 minutos. Isso permite que todos os

ingredientes se juntem e dá uma melhor consistência à massa.

i) Pulverize generosamente uma frigideira ou chapa antiaderente com óleo vegetal e aqueça em fogo médio.

j) Quando a panela estiver quente, adicione a massa usando um copo medidor de $\frac{1}{4}$ de xícara e despeje a massa na panela para fazer a panqueca. Use o copo medidor para ajudar a moldar a panqueca.

k) Cozinhe até que os lados pareçam firmes e as bolhas se formem no meio (cerca de 2 a 3 minutos), depois vire a panqueca.

l) Quando a panqueca estiver cozida desse lado, retire a panqueca do fogo e coloque em um prato.

m) Continue esses passos com o restante da massa.

n) Despeje a cobertura de baunilha e coco sobre as panquecas e polvilhe com o coco torrado antes de servir.

72. Panquecas de chocolate com coco e amêndoas

Ingredientes:

- 1½ xícaras de farinha de amêndoa
- ½ xícara de coco ralado, sem açúcar, torrado
- 1 colher de chá de fermento em pó
- 1 colher de chá de bicarbonato de sódio
- ¼ colher de chá de sal
- 2 ovos grandes, batidos
- ½ xícara de leite de coco integral enlatado
- 1 colher de sopa de xarope de bordo, além de mais para servir
- 1 colher de chá de extrato de baunilha
- ½ xícara de gotas de chocolate
- Coco torrado, amêndoa torrada e chocolate ralado, para servir

Endereços

a) Adicione a farinha, o coco ralado, o fermento, o bicarbonato de sódio e o sal em uma tigela e misture bem.

b) Em uma tigela separada, misture os ovos, o leite de coco, o xarope de bordo e a baunilha.

c) Adicione os ingredientes molhados aos ingredientes secos e misture bem para combinar.

d) Adicione as gotas de chocolate.

e) Deixe a massa descansar por 5 a 10 minutos. Isso permite que todos os ingredientes se juntem e dá uma melhor consistência à massa.

f) Pulverize generosamente uma frigideira ou chapa antiaderente com óleo vegetal e aqueça em fogo médio.

g) Quando a panela estiver quente, adicione a massa usando um copo medidor de $\frac{1}{4}$ de xícara e despeje a massa na panela para fazer a panqueca. Use o copo medidor para ajudar a moldar a panqueca.

h) Cozinhe até que os lados pareçam firmes e as bolhas se formem no meio (cerca de 2 a 3 minutos), depois vire a panqueca.

i) Quando a panqueca estiver cozida desse lado, retire a panqueca do fogo e coloque em um prato.

j) Continue esses passos com o restante da massa.

k) Cubra com coco torrado, amêndoas torradas, chocolate ralado e um pouco mais de xarope de bordo, se desejar.

73. panquecas de morango

Ingredientes:
- 1¾ xícaras de aveia em flocos tradicional
- 1½ colheres de chá de fermento em pó
- 1 colher de chá de bicarbonato de sódio
- ½ colher de chá de canela
- ¼ colher de chá de sal
- 2 colheres de sopa de óleo de coco, derretido
- 1 colher de sopa de xarope de bordo
- 1 ovo grande
- 1 colher de chá de extrato de baunilha
- 1 ½ xícaras 2% de leite desnatado
- 1 xícara de morangos em fatias finas
- Natas batidas e morangos, para servir

Endereços

a) Adicione todos os ingredientes, exceto os morangos, no liquidificador. O óleo de coco derretido pode endurecer quando combinado com ingredientes mais frios, então você pode aquecer o leite um pouco para ajudar a evitar que isso aconteça, se desejar.

b) Bata tudo no liquidificador até obter um líquido homogêneo.

c) Despeje a mistura de panqueca em uma tigela grande.

d) Deixe a massa descansar por 5 a 10 minutos. Isso permite que todos os ingredientes se juntem e dá uma melhor consistência à massa.

e) Pulverize generosamente uma frigideira ou chapa antiaderente com óleo vegetal e aqueça em fogo médio.

f) Quando a panela estiver quente, adicione a massa usando um copo medidor de $\frac{1}{4}$ de xícara e despeje a massa na panela para fazer a panqueca. Use o copo medidor para ajudar a moldar a panqueca. Disponha os morangos fatiados em uma única camada na massa.

g) Cozinhe até que os lados pareçam firmes e as bolhas se formem no meio (cerca de 2 minutos), depois vire a panqueca. Você pode precisar deixá-los cozinhar um pouco mais no primeiro lado para que eles não se desfaçam quando você os virar. Os morangos são pesados e podem fazer com que essas panquecas quebrem se não estiverem totalmente assentadas no primeiro lado.

h) Quando a panqueca estiver cozida desse lado, retire a panqueca do fogo e coloque em um prato.

i) Continue esses passos com o restante da massa.

j) Para servir, cubra as panquecas com chantilly e cubra com morangos.

74. Panquecas de Manteiga de Amendoim

Ingredientes:

- 1¾ xícaras de aveia em flocos tradicional
- ¼ xícara de manteiga de amendoim em pó
- 1½ colheres de chá de fermento em pó
- 1 colher de chá de bicarbonato de sódio
- ½ colher de chá de canela
- ¼ colher de chá de sal
- 2 colheres de sopa de óleo de coco, derretido
- 1 colher de sopa de xarope de bordo
- 1 ovo grande
- 1 colher de chá de extrato de baunilha
- 1 ½ xícaras 2% de leite desnatado
- ½ xícara de gotas de chocolate

Endereços

a) Adicione todos os ingredientes, exceto as gotas de chocolate, no liquidificador. O óleo de coco derretido pode endurecer quando combinado com ingredientes mais frios, então você pode aquecer o leite um pouco para ajudar a evitar que isso aconteça, se desejar.

b) Bata tudo no liquidificador até obter um líquido homogêneo.

c) Despeje a massa de panqueca em uma tigela grande.
d) Adicione as gotas de chocolate.
e) Deixe a massa descansar por 5 a 10 minutos. Isso permite que todos os ingredientes se juntem e dá uma melhor consistência à massa.
f) Pulverize generosamente uma frigideira ou chapa antiaderente com óleo vegetal e aqueça em fogo médio.
g) Quando a panela estiver quente, adicione a massa usando um copo medidor de $\frac{1}{4}$ de xícara e despeje a massa na panela para fazer a panqueca. Use o copo medidor para ajudar a moldar a panqueca.
h) Cozinhe até que os lados pareçam firmes e as bolhas se formem no meio (cerca de 2 a 3 minutos), depois vire a panqueca.
i) Quando a panqueca estiver cozida desse lado, retire a panqueca do fogo e coloque em um prato.
j) Continue esses passos com o restante da massa.

75. panquecas de chocolate mexicanas

Ingredientes:
- 1 xícara de farinha de espelta
- $\frac{1}{4}$ xícara de cacau sem açúcar
- 1 colher de chá de canela
- $\frac{1}{2}$ colher de chá de fermento em pó
- $\frac{1}{2}$ colher de chá de bicarbonato de sódio
- $\frac{3}{4}$ xícara de iogurte grego natural
- $\frac{1}{4}$ xícara + 2 colheres de sopa de leite desnatado a 2%
- 1 ovo grande
- 2 colheres de sopa de xarope de bordo

Endereços

a) Adicione a farinha, cacau, canela, fermento em pó e bicarbonato de sódio em uma tigela e misture para combinar.

b) Em outra tigela, misture o iogurte, o leite, o ovo e o xarope de bordo até ficar bem combinado.

c) Adicione os ingredientes molhados aos ingredientes secos e misture até ficar bem combinado.

d) Deixe a massa descansar por 2 a 3 minutos. Isso permite que todos os

ingredientes se juntem e dá uma melhor consistência à massa.

e) Pulverize generosamente uma frigideira ou chapa antiaderente com óleo vegetal e aqueça em fogo médio.

f) Quando a panela estiver quente, adicione a massa usando um copo medidor de $\frac{1}{4}$ de xícara e despeje a massa na panela para fazer a panqueca. Use o copo medidor para ajudar a moldar a panqueca.

g) Cozinhe até que os lados pareçam firmes e as bolhas se formem no meio (cerca de 2 a 3 minutos), depois vire a panqueca.

h) Quando a panqueca estiver cozida desse lado, retire a panqueca do fogo e coloque em um prato.

i) Continue esses passos com o restante da massa.

76. panquecas de aniversário surpresa

Ingredientes:

- 1 xícara de farinha de espelta
- 2 colheres de sopa de mistura de pudim de baunilha sem açúcar
- $\frac{1}{2}$ colher de chá de fermento em pó
- $\frac{1}{2}$ colher de chá de bicarbonato de sódio
- $\frac{3}{4}$ xícara de iogurte grego natural
- $\frac{1}{2}$ xícara + 2 colheres de sopa de leite desnatado a 2%
- 1 ovo grande
- 2 colheres de sopa de xarope de bordo
- $\frac{1}{4}$ xícara de granulado de arco-íris, além de mais para cobertura (opcional)

Endereços

a) Adicione a farinha, pudim, fermento em pó e bicarbonato de sódio em uma tigela e misture para combinar.

b) Em outra tigela, misture o iogurte, o leite, o ovo e o xarope de bordo até ficar bem combinado.

c) Adicione os ingredientes molhados aos ingredientes secos e misture até ficar bem combinado.

d) Deixe a massa descansar por 2 a 3 minutos. Isso permite que todos os ingredientes se juntem e dá uma melhor consistência à massa.
e) Depois que a massa descansar, adicione os chips.
f) Pulverize generosamente uma frigideira ou chapa antiaderente com óleo vegetal e aqueça em fogo médio.
g) Quando a panela estiver quente, adicione a massa usando um copo medidor de $\frac{1}{4}$ de xícara e despeje a massa na panela para fazer a panqueca. Use o copo medidor para ajudar a moldar a panqueca.
h) Cozinhe até que os lados pareçam firmes e as bolhas se formem no meio (cerca de 2 a 3 minutos), depois vire a panqueca.
i) Quando a panqueca estiver cozida desse lado, retire a panqueca do fogo e coloque em um prato.
j) Continue esses passos com o restante da massa.

77. panquecas de monstros verdes

Ingredientes:

- 1½ xícaras de farinha de espelta
- 2 colheres de sopa de pó de cânhamo
- 1 colher de sopa de spirulina em pó
- 1½ colheres de chá de fermento em pó
- 1 colher de chá de bicarbonato de sódio
- ½ colher de chá de sal
- 2 colheres de sopa de óleo de coco, derretido
- 1½ colheres de mel
- 1 colher de extrato de baunilha
- 2 ovos grandes, batidos
- ¼ xícara de leite de coco integral enlatado
- 1 ¼ xícaras de kefir simples (ligeiramente aquecido)

Endereços

a) Adicione a farinha de espelta, cânhamo em pó, spirulina em pó, fermento em pó, bicarbonato de sódio e sal em uma tigela e misture para combinar.

b) Em outra tigela, misture o óleo de coco, mel, baunilha, ovos, leite de coco e kefir até ficar bem combinado. O óleo de coco derretido pode endurecer quando combinado com ingredientes mais frios, então você pode aquecer levemente o kefir para ajudar a evitar que isso aconteça, se desejar.

c) Adicione os ingredientes molhados aos ingredientes secos e misture até ficar bem combinado.

d) Deixe a massa descansar por 2 a 3 minutos. Isso permite que todos os ingredientes se juntem e dá uma melhor consistência à massa.

e) Pulverize generosamente uma frigideira ou chapa antiaderente com óleo vegetal e aqueça em fogo médio.

f) Quando a panela estiver quente, adicione a massa usando um copo medidor de $\frac{1}{4}$ de xícara e despeje a massa na panela para fazer a panqueca. Use o copo medidor para ajudar a moldar a panqueca.

g) Cozinhe até que os lados pareçam firmes e as bolhas se formem no meio (cerca de 2 a 3 minutos), depois vire a panqueca.

h) Quando a panqueca estiver cozida desse lado, retire a panqueca do fogo e coloque em um prato.

i) Continue esses passos com o restante da massa.

78. Panquecas de matcha de baunilha

Ingredientes:
- 1¾ xícaras de aveia em flocos tradicional
- 2 colheres de sopa de matcha em pó sem açúcar
- 2 colheres de sopa de mistura de pudim de baunilha sem açúcar
- 1½ colheres de chá de fermento em pó
- 1 colher de chá de bicarbonato de sódio
- ¼ colher de chá de sal
- 2 colheres de sopa de óleo de coco, derretido
- 1 colher de sopa de xarope de bordo
- 1 ovo grande
- 1 colher de chá de extrato de baunilha
- 1 ½ xícaras 2% de leite desnatado

Endereços

a) Adicione todos os ingredientes em um liquidificador. O óleo de coco derretido pode endurecer quando combinado com ingredientes mais frios, então você pode aquecer o leite um pouco para ajudar a evitar que isso aconteça, se desejar.

b) Bata tudo no liquidificador até obter um líquido homogêneo.

c) Despeje a mistura de panqueca em uma tigela grande.

d) Deixe a massa descansar por 5 a 10 minutos. Isso permite que todos os ingredientes se juntem e dá uma melhor consistência à massa.

e) Pulverize generosamente uma frigideira ou chapa antiaderente com óleo vegetal e aqueça em fogo médio.

f) Quando a panela estiver quente, adicione a massa usando um copo medidor de $\frac{1}{4}$ de xícara e despeje a massa na panela para fazer a panqueca. Use o copo medidor para ajudar a moldar a panqueca.

g) Cozinhe até que os lados pareçam firmes e as bolhas se formem no meio (cerca de 2 a 3 minutos), depois vire a panqueca.

h) Quando a panqueca estiver cozida desse lado, retire a panqueca do fogo e coloque em um prato.

i) Continue esses passos com o restante da massa.

79. Panquecas de piña colada

Ingredientes:

- 1 xícara de farinha de espelta
- ½ colher de chá de fermento em pó
- ½ colher de chá de bicarbonato de sódio
- ¾ xícara de iogurte grego natural
- ½ xícara + 2 colheres de sopa de leite de coco integral enlatado
- 1 ovo grande
- 2 colheres de sopa de xarope de bordo
- 1 colher de chá de extrato de baunilha
- ½ xícara de abacaxi picado

Endereços

a) Adicione a farinha, o fermento e o bicarbonato de sódio em uma tigela e misture para combinar.

b) Em outra tigela, misture o iogurte, o leite de coco, o ovo, o xarope de bordo e a baunilha até misturar bem.

c) Adicione os ingredientes molhados aos ingredientes secos e misture até ficar bem combinado.

d) Quando tudo estiver misturado, adicione o abacaxi.

e) Deixe a massa descansar por 2 a 3 minutos. Isso permite que todos os ingredientes se juntem e dá uma melhor consistência à massa.

f) Pulverize generosamente uma frigideira ou chapa antiaderente com óleo vegetal e aqueça em fogo médio.

g) Quando a panela estiver quente, adicione a massa usando um copo medidor de $\frac{1}{4}$ de xícara e despeje a massa na panela para fazer a panqueca. Use o copo medidor para ajudar a moldar a panqueca.

h) Cozinhe até que os lados pareçam firmes e as bolhas se formem no meio (cerca de 2 a 3 minutos), depois vire a panqueca.

i) Quando a panqueca estiver cozida desse lado, retire a panqueca do fogo e coloque em um prato.

j) Continue esses passos com o restante da massa.

80. Panquecas de cereja e amêndoa

Ingredientes:

- 1½ xícaras de farinha de amêndoa
- 1 colher de chá de fermento em pó
- 1 colher de chá de bicarbonato de sódio
- ¼ colher de chá de sal
- 2 ovos grandes, batidos
- 1 colher de sopa de xarope de bordo
- 1 colher de chá de extrato de baunilha
- ½ xícara de leite de coco integral enlatado
- ½ xícara de cerejas bem picadas
- ¼ xícara de amêndoas fatiadas

Endereços

a) Adicione a farinha, o fermento, o bicarbonato de sódio e o sal em uma tigela e misture bem.

b) Em uma tigela separada, misture os ovos, xarope de bordo, baunilha e leite de coco.

c) Adicione os ingredientes molhados aos ingredientes secos e misture bem para combinar.

d) Agora misture as cerejas e as amêndoas e misture até que tudo esteja bem misturado.

e) Deixe a massa descansar por 5 a 10 minutos. Isso permite que todos os ingredientes se juntem e dá uma melhor consistência à massa.
f) Pulverize generosamente uma frigideira ou chapa antiaderente com óleo vegetal e aqueça em fogo médio-alto.
g) Quando a panela estiver quente, adicione a massa usando um copo medidor de $\frac{1}{4}$ de xícara e despeje a massa na panela para fazer a panqueca. Use o copo medidor para ajudar a moldar a panqueca.
h) Cozinhe até que os lados pareçam firmes e as bolhas se formem no meio (cerca de 2 a 3 minutos), depois vire a panqueca.
i) Quando a panqueca estiver cozida desse lado, retire a panqueca do fogo e coloque em um prato.
j) Continue esses passos com o restante da massa.

81. panquecas de limão

Ingredientes:
- 2 ovos
- ½ xícara de requeijão
- ½ colher de chá de extrato de baunilha
- 1 colher de mel
- Raspa de 1 lima
- ¼ xícara de farinha de espelta
- ½ colher de chá de fermento em pó
- ¼ colher de chá de bicarbonato de sódio
- 2 colheres de chá de mistura de geleia de limão sem açúcar

Endereços

a) Bata os ovos, o queijo cottage, a baunilha, o mel e as raspas de limão e reserve.

b) Em outra tigela, misture os ingredientes restantes até misturar bem.

c) Adicione os ingredientes molhados aos ingredientes secos e misture até ficar bem combinado.

d) Pulverize generosamente uma frigideira ou chapa antiaderente com óleo vegetal e aqueça em fogo médio.

e) Quando a panela estiver quente, adicione a massa usando um copo medidor de ¼ de xícara e despeje a massa na panela para fazer a panqueca. Use o copo medidor para ajudar a moldar a panqueca.

f) Cozinhe até que os lados pareçam firmes e as bolhas se formem no meio (cerca de 2 a 3 minutos), depois vire a panqueca.

g) Quando a panqueca estiver cozida desse lado, retire a panqueca do fogo e coloque em um prato.

h) Continue esses passos com o restante da massa.

82. Panquecas temperadas com abóbora

Ingredientes:

- 1 ½ xícaras de aveia em flocos à moda antiga
- 1½ colheres de chá de fermento em pó
- ½ colher de chá de bicarbonato de sódio
- ½ colher de chá de canela
- ½ colher de chá de pimenta da Jamaica
- ½ colher de chá de gengibre em pó
- ¼ colher de chá de sal
- ½ xícara de abóbora enlatada
- 2 colheres de sopa de óleo de coco, derretido
- 2 colheres de sopa de xarope de bordo
- 1 ovo grande
- 1 colher de chá de extrato de baunilha
- 1 xícara de leite desnatado 2%

Endereços

a) Adicione todos os ingredientes em um liquidificador. O óleo de coco derretido pode endurecer quando combinado com ingredientes mais frios, então você pode aquecer o leite um pouco para ajudar a evitar que isso aconteça, se desejar.

b) Bata tudo no liquidificador até obter um líquido homogêneo.

c) Despeje a mistura de panqueca em uma tigela grande.

d) Deixe a massa descansar por 5 a 10 minutos. Isso permite que todos os ingredientes se juntem e dá uma melhor consistência à massa.

e) Pulverize generosamente uma frigideira ou chapa antiaderente com óleo vegetal e aqueça em fogo médio.

f) Quando a panela estiver quente, adicione a massa usando um copo medidor de $\frac{1}{4}$ de xícara e despeje a massa na panela para fazer a panqueca. Use o copo medidor para ajudar a moldar a panqueca.

g) Cozinhe até que os lados pareçam firmes e as bolhas se formem no meio (cerca de 2 a 3 minutos), depois vire a panqueca.

h) Quando a panqueca estiver cozida desse lado, retire a panqueca do fogo e coloque em um prato.

i) Continue esses passos com o restante da massa.

83. Panquecas de banana com chocolate

Ingredientes:
- 1 banana madura e mais para servir
- 2 ovos grandes
- ½ colher de chá de fermento em pó
- 2 colheres de sopa de cacau em pó sem açúcar
- Xarope de bordo, para servir

Endereços

a) Adicione a banana a uma tigela e amasse até ficar bem e cremoso, sem grumos.

b) Quebre os ovos em outra tigela e bata até misturar bem.

c) Adicione o fermento e o cacau em pó à tigela de banana e despeje os ovos. Bata para combinar tudo completamente.

d) Pulverize generosamente uma frigideira ou chapa antiaderente com óleo vegetal e aqueça em fogo médio.

e) Quando a panela estiver quente, adicione 2 colheres de sopa de massa na panela para fazer a panqueca.

f) Cozinhe até que os lados pareçam firmes (você não verá bolhas) e, em seguida, vire a panqueca com cuidado.

g) Quando a panqueca estiver cozida desse lado, retire a panqueca do fogo e coloque-a em um prato.

h) Continue esses passos com o restante da massa. Sirva com fatias de banana e xarope de bordo, se desejar.

84. Panquecas de baunilha e amêndoa

Ingredientes:

- 1 xícara de farinha de espelta
- 2 colheres de sopa de mistura de pudim de baunilha sem açúcar
- $\frac{1}{2}$ colher de chá de fermento em pó
- $\frac{1}{2}$ colher de chá de bicarbonato de sódio
- $\frac{3}{4}$ xícara de iogurte grego natural
- $\frac{1}{2}$ xícara + 2 colheres de sopa de leite desnatado a 2%
- 1 ovo grande
- 2 colheres de sopa de xarope de bordo
- $\frac{1}{4}$ xícara de amêndoas fatiadas

Endereços

a) Adicione a farinha, a mistura de pudim, o fermento em pó e o bicarbonato de sódio em uma tigela e misture para combinar.

b) Em outra tigela, misture o iogurte, o leite, o ovo e o xarope de bordo até ficar bem combinado.

c) Adicione os ingredientes molhados aos ingredientes secos e misture até ficar bem combinado.

d) Adicione as amêndoas por último.

e) Deixe a massa descansar por 2 a 3 minutos. Isso permite que todos os ingredientes se juntem e dá uma melhor consistência à massa.
f) Pulverize generosamente uma frigideira ou chapa antiaderente com óleo vegetal e aqueça em fogo médio.
g) Quando a panela estiver quente, adicione a massa usando um copo medidor de $\frac{1}{4}$ de xícara e despeje a massa na panela para fazer a panqueca. Use o copo medidor para ajudar a moldar a panqueca.
h) Cozinhe até que os lados pareçam firmes e as bolhas se formem no meio (cerca de 2 a 3 minutos), depois vire a panqueca.
i) Quando a panqueca estiver cozida desse lado, retire a panqueca do fogo e coloque em um prato.
j) Continue esses passos com o restante da massa.

85. panquecas de macaco

Ingredientes:
- 1½ xícaras de farinha de amêndoa
- 1 colher de chá de fermento em pó
- 1 colher de chá de bicarbonato de sódio
- ¼ colher de chá de sal
- 1 banana média madura, amassada, e mais para servir
- 2 ovos grandes, batidos
- ½ xícara de leite de coco
- 1 colher de sopa de xarope de bordo
- 1 colher de chá de extrato de baunilha
- ½ xícara de nozes picadas
- ½ xícara de gotas de chocolate amargo e mais para servir

Endereços

a) Adicione a farinha, o fermento, o bicarbonato de sódio e o sal em uma tigela e misture bem.

b) Em uma tigela separada, misture a banana amassada, os ovos, o leite de coco, o xarope de bordo e a baunilha.

c) Adicione os ingredientes molhados aos ingredientes secos e misture bem para combinar.

d) Agora misture as nozes e as gotas de chocolate e misture até que tudo esteja bem misturado.

e) Deixe a massa descansar por 5 a 10 minutos. Isso permite que todos os ingredientes se juntem e dá uma melhor consistência à massa.

f) Pulverize generosamente uma frigideira ou chapa antiaderente com óleo vegetal e aqueça em fogo médio-alto.

g) Quando a panela estiver quente, adicione a massa usando um copo medidor de $\frac{1}{4}$ de xícara e despeje a massa na panela para fazer a panqueca. Use o copo medidor para ajudar a moldar a panqueca.

h) Cozinhe até que os lados pareçam firmes e as bolhas se formem no meio, depois vire a panqueca.

i) Quando a panqueca estiver cozida desse lado, retire a panqueca do fogo e coloque em um prato.

j) Sirva com rodelas de banana e pepitas de chocolate.

86. panquecas de baunilha

Ingredientes:

- 1½ xícaras de farinha de espelta
- 2 colheres de sopa de mistura de pudim de baunilha sem açúcar
- 1½ colheres de chá de fermento em pó
- 1 colher de chá de bicarbonato de sódio
- ½ colher de chá de sal
- 2 ovos grandes, batidos
- 2 colheres de sopa de óleo de coco, derretido
- 1 colher de extrato de baunilha
- ¼ xícara de xarope de bordo, além de mais para servir
- 1 ¼ xícaras de kefir simples

Endereços

a) Adicione a farinha de espelta, a mistura de pudim, o fermento, o bicarbonato de sódio e o sal em uma tigela e misture para combinar.

b) Em outra tigela, bata os ovos, o óleo de coco, a baunilha, o xarope de bordo e o kefir até misturar bem. O óleo de coco derretido pode endurecer quando combinado com ingredientes mais frios, então você pode aquecer levemente o kefir para ajudar a evitar que isso aconteça, se desejar.

c) Adicione os ingredientes molhados aos ingredientes secos e misture até ficar bem combinado.

d) Deixe a massa descansar por 2 a 3 minutos. Isso permite que todos os ingredientes se juntem e dá uma melhor consistência à massa.

e) Pulverize generosamente uma frigideira ou chapa antiaderente com óleo vegetal e aqueça em fogo médio.

f) Quando a panela estiver quente, adicione a massa usando um copo medidor de $\frac{1}{4}$ de xícara e despeje a massa na panela para fazer a panqueca. Use o copo medidor para ajudar a moldar a panqueca.

g) Cozinhe até que os lados pareçam firmes e as bolhas se formem no meio (cerca de 2 a 3 minutos), depois vire a panqueca.

h) Quando a panqueca estiver cozida desse lado, retire a panqueca do fogo e coloque em um prato.

87. Panquecas de manga com mirtilo

Ingredientes:

- 1 xícara de farinha de espelta
- ½ colher de chá de fermento em pó
- ½ colher de chá de bicarbonato de sódio
- ¾ xícara de iogurte grego natural
- ¼ xícara + 2 colheres de sopa de leite desnatado a 2%
- 1 ovo grande
- 2 colheres de sopa de xarope de bordo
- ½ xícara de purê de manga
- ½ xícara de mirtilos

Endereços

a) Adicione a farinha, o fermento e o bicarbonato de sódio em uma tigela e misture para combinar.

b) Em outra tigela, misture iogurte, leite, ovo, xarope de bordo e purê de manga até misturar.

c) Adicione os ingredientes molhados aos ingredientes secos e misture até ficar bem combinado.

d) Adicione cuidadosamente os mirtilos.

e) Deixe a massa descansar por 2 a 3 minutos. Isso permite que todos os

ingredientes se juntem e dá uma melhor consistência à massa.

f) Pulverize generosamente uma frigideira ou chapa antiaderente com óleo vegetal e aqueça em fogo médio.

g) Quando a panela estiver quente, adicione a massa usando um copo medidor de $\frac{1}{4}$ de xícara e despeje a massa na panela para fazer a panqueca. Use o copo medidor para ajudar a moldar a panqueca.

h) Cozinhe até que os lados pareçam firmes e as bolhas se formem no meio (cerca de 2 a 3 minutos), depois vire a panqueca.

i) Quando a panqueca estiver cozida desse lado, retire a panqueca do fogo e coloque em um prato.

j) Continue esses passos com o restante da massa.

88. panquecas mocha

Ingredientes:

- 1½ xícaras de farinha de espelta
- ¼ xícara de cacau sem açúcar
- 3 colheres de chá de pó de café expresso instantâneo
- 1½ colheres de chá de fermento em pó
- 1 colher de chá de bicarbonato de sódio
- ½ colher de chá de sal
- 2 colheres de sopa de óleo de coco, derretido
- 1 colher de chá de extrato de baunilha
- 2 ovos grandes, batidos
- 1 ¼ xícaras de kefir simples

Endereços

a) Adicione a farinha de espelta, cacau, pó de café expresso, fermento em pó, bicarbonato de sódio e sal em uma tigela e misture para combinar.

b) Em outra tigela, misture o óleo de coco, baunilha, ovos e kefir até ficar bem combinado. O óleo de coco derretido pode endurecer quando combinado com ingredientes mais frios, então você pode aquecer levemente o kefir para ajudar a evitar que isso aconteça, se desejar.

c) Adicione os ingredientes molhados aos ingredientes secos e misture até ficar bem combinado.

d) Deixe a massa descansar por 2 a 3 minutos. Isso permite que todos os ingredientes se juntem e dá uma melhor consistência à massa.

e) Pulverize generosamente uma frigideira ou chapa antiaderente com óleo vegetal e aqueça em fogo médio.

f) Quando a panela estiver quente, adicione a massa usando um copo medidor de $\frac{1}{4}$ de xícara e despeje a massa na panela para fazer a panqueca. Use o copo medidor para ajudar a moldar a panqueca.

g) Cozinhe até que os lados pareçam firmes e as bolhas se formem no meio (cerca de 2 a 3 minutos), depois vire a panqueca.

h) Quando a panqueca estiver cozida desse lado, retire a panqueca do fogo e coloque em um prato.

89. panquecas chai

Ingredientes:

- 1 ½ xícaras de farinha de quinoa
- 1½ colheres de chá de fermento em pó
- 1 colher de chá de bicarbonato de sódio
- 1 colher de chá de canela
- ¾ colher de chá de cardamomo moído
- Uma pitada generosa de cravo moído
- ½ colher de chá de gengibre em pó
- ½ colher de chá de pimenta da Jamaica
- ½ colher de chá de sal
- 2 ovos grandes, batidos
- 2 colheres de sopa de óleo de coco, derretido
- 1 ¼ xícaras de kefir simples
- ¼ xícara de xarope de bordo
- 1 colher de chá de extrato de baunilha

Endereços

a) Em uma tigela grande, adicione a farinha, o fermento, o bicarbonato de sódio, a canela, o cardamomo, o cravo, o gengibre, a pimenta da Jamaica e o sal e misture bem.

b) Em outra tigela, misture os ovos, óleo de coco, kefir, xarope de bordo e baunilha até misturar. O óleo de coco derretido pode endurecer quando combinado com ingredientes mais frios, então você pode aquecer levemente o kefir para ajudar a evitar que isso aconteça, se desejar.

c) Adicione os ingredientes molhados aos ingredientes secos e misture até ficar bem combinado.

d) Deixe a massa descansar por 2 a 3 minutos. Isso permite que todos os ingredientes se juntem e dá uma melhor consistência à massa.

e) Pulverize generosamente uma frigideira ou chapa antiaderente com óleo vegetal e aqueça em fogo médio.

f) Quando a panela estiver quente, adicione a massa usando um copo medidor de $\frac{1}{4}$ de xícara e despeje a massa na panela para fazer a panqueca. Use o copo medidor para ajudar a moldar a panqueca.

g) Cozinhe até que os lados pareçam firmes e as bolhas se formem no meio (cerca de 2 a 3 minutos), depois vire a panqueca.

h) Quando a panqueca estiver cozida desse lado, retire a panqueca do fogo e coloque em um prato.

90. panquecas de cenoura

Ingredientes:

- 1 ½ xícaras de aveia em flocos à moda antiga
- 1½ colheres de chá de fermento em pó
- 1 colher de chá de bicarbonato de sódio
- ½ colher de chá de canela
- ¼ colher de chá de sal
- Pitada de noz-moscada
- 1 ovo grande
- 2 colheres de sopa de óleo de coco, derretido
- 1 colher de sopa de xarope de bordo
- 1 colher de chá de extrato de baunilha
- 1¼ xícaras 2% de leite desnatado
- 1 ½ xícaras de cenoura ralada finamente
- ½ xícara de passas douradas picadas
- ½ xícara de nozes picadas

Endereços

a) Adicione todos os ingredientes, exceto cenouras, passas e nozes ao liquidificador. O óleo de coco derretido pode endurecer quando combinado com ingredientes mais frios, então você pode

aquecer o leite um pouco para ajudar a evitar que isso aconteça, se desejar.
b) Bata tudo no liquidificador até obter um líquido homogêneo.
c) Despeje a mistura de panqueca em uma tigela grande.
d) Adicione as cenouras, passas e nozes à massa e misture bem.
e) Deixe a massa descansar por 5 a 10 minutos. Isso permite que todos os ingredientes se juntem e dá uma melhor consistência à massa.
f) Pulverize generosamente uma frigideira ou chapa antiaderente com óleo vegetal e aqueça em fogo médio.
g) Quando a panela estiver quente, adicione a massa usando um copo medidor de $\frac{1}{4}$ de xícara e despeje a massa na panela para fazer a panqueca. Use o copo medidor para ajudar a moldar a panqueca.
h) Cozinhe até que os lados pareçam firmes e as bolhas se formem no meio, depois vire a panqueca.

i) Quando a panqueca estiver cozida desse lado, retire a panqueca do fogo e coloque em um prato.

91. Panquecas de banana com mel

Ingredientes:
- 1 banana madura e mais para servir
- 2 ovos grandes
- 1 colher de mel
- ½ colher de chá de fermento em pó
- Xarope de bordo, para servir

Endereços

a) Adicione a banana a uma tigela e amasse até ficar bem e cremoso, sem grumos.

b) Quebre os ovos em outra tigela e bata até misturar bem.

c) Adicione o mel e o fermento à tigela de banana e despeje os ovos. Bata para combinar tudo completamente.

d) Pulverize generosamente uma frigideira ou chapa antiaderente com óleo vegetal e aqueça em fogo médio.

e) Quando a panela estiver quente, adicione 2 colheres de sopa de massa na panela para fazer a panqueca.

f) Cozinhe até que os lados pareçam firmes (você não verá bolhas) e, em seguida, vire a panqueca com cuidado.

g) Quando a panqueca estiver cozida desse lado, retire a panqueca do fogo e coloque-a em um prato.

h) Continue esses passos com o restante da massa.

i) Cubra com bananas e xarope de bordo.

92. Panquecas de Banana e Mirtilo

Ingredientes:

- 1 xícara de farinha de espelta
- ½ colher de chá de fermento em pó
- ½ colher de chá de bicarbonato de sódio
- 1 banana média madura, amassada
- ¾ xícara de iogurte grego natural
- ¼ xícara + 2 colheres de sopa de leite desnatado a 2%
- 1 ovo grande
- 2 colheres de sopa de xarope de bordo
- ½ xícara de mirtilos

Endereços

a) Adicione a farinha, o fermento e o bicarbonato de sódio em uma tigela e misture para combinar.

b) Em outra tigela, misture a banana amassada, iogurte, leite, ovo e xarope de bordo até misturar.

c) Adicione os ingredientes molhados aos ingredientes secos e misture até ficar bem combinado.

d) Adicione cuidadosamente os mirtilos.

e) Deixe a massa descansar por 2 a 3 minutos. Isso permite que todos os

ingredientes se juntem e dá uma melhor consistência à massa.

f) Pulverize generosamente uma frigideira ou chapa antiaderente com óleo vegetal e aqueça em fogo médio.

g) Quando a panela estiver quente, adicione a massa usando um copo medidor de $\frac{1}{4}$ de xícara e despeje a massa na panela para fazer a panqueca. Use o copo medidor para ajudar a moldar a panqueca.

h) Cozinhe até que os lados pareçam firmes e as bolhas se formem no meio (cerca de 2 a 3 minutos), depois vire a panqueca.

i) Quando a panqueca estiver cozida desse lado, retire a panqueca do fogo e coloque em um prato.

j) Continue esses passos com o restante da massa.

93. Panquecas de maçã e canela

Ingredientes:

- 1¾ xícaras de aveia em flocos tradicional
- 1½ colheres de chá de fermento em pó
- 1 colher de chá de bicarbonato de sódio
- ¼ colher de chá de canela
- ¼ colher de chá de sal
- 1 xícara de maçã
- 2 colheres de sopa de óleo de coco, derretido
- 1 colher de sopa de xarope de bordo
- 1 ovo grande
- 1 colher de chá de extrato de baunilha
- ½ xícara de leite com baixo teor de gordura 2%

Endereços

a) Adicione todos os ingredientes no liquidificador. O óleo de coco derretido pode endurecer quando combinado com ingredientes mais frios, então você pode aquecer o leite um pouco para ajudar a evitar que isso aconteça, se desejar.

b) Bata tudo no liquidificador até obter um líquido homogêneo.

c) Despeje a massa de panqueca em uma tigela grande.

d) Deixe a massa descansar por 5 a 10 minutos. Isso permite que todos os ingredientes se juntem e dá uma melhor consistência à massa.

e) Pulverize generosamente uma frigideira ou chapa antiaderente com óleo vegetal e aqueça em fogo médio.

f) Quando a panela estiver quente, adicione a massa usando um copo medidor de $\frac{1}{4}$ de xícara e despeje a massa na panela para fazer a panqueca. Use o copo medidor para ajudar a moldar a panqueca.

g) Cozinhe até que os lados pareçam firmes e as bolhas se formem no meio (cerca de 2 a 3 minutos), depois vire a panqueca.

h) Quando a panqueca estiver cozida desse lado, retire a panqueca do fogo e coloque em um prato.

i) Continue esses passos com o restante da massa.

94. Panquecas de cheesecake de morango

Ingredientes:
- 1 xícara de farinha de espelta
- 2 colheres de sopa de mistura de pudim de baunilha sem açúcar
- ½ colher de chá de fermento em pó
- ½ colher de chá de bicarbonato de sódio
- ¾ xícara de iogurte grego natural
- ½ xícara + 2 colheres de sopa de leite desnatado a 2%
- 1 ovo grande
- 2 colheres de sopa de xarope de bordo
- 1 xícara de morangos em fatias finas

Endereços

a) Adicione a farinha, a mistura de pudim, o fermento em pó e o bicarbonato de sódio em uma tigela e misture para combinar.

b) Em outra tigela, bata o iogurte, o leite, o ovo e o xarope de bordo até misturar.

c) Adicione os ingredientes molhados aos ingredientes secos e misture até ficar bem combinado.

d) Acrescente os morangos com cuidado.

e) Deixe a massa descansar por 2 a 3 minutos. Isso permite que todos os

ingredientes se juntem e dá uma melhor consistência à massa.

f) Pulverize generosamente uma frigideira ou chapa antiaderente com óleo vegetal e aqueça em fogo médio.

g) Quando a panela estiver quente, adicione a massa usando um copo medidor de $\frac{1}{4}$ de xícara e despeje a massa na panela para fazer a panqueca. Use o copo medidor para ajudar a moldar a panqueca.

h) Cozinhe até que os lados pareçam firmes e as bolhas se formem no meio (cerca de 2 a 3 minutos), depois vire a panqueca.

i) Quando a panqueca estiver cozida desse lado, retire a panqueca do fogo e coloque em um prato.

j) Continue esses passos com o restante da massa.

95. panquecas de mirtilo

Ingredientes:

- 1¾ xícaras de aveia em flocos tradicional
- 1½ colheres de chá de fermento em pó
- 1 colher de chá de bicarbonato de sódio
- ½ colher de chá de canela
- ¼ colher de chá de sal
- 1 ovo grande
- 2 colheres de sopa de óleo de coco, derretido
- 1 colher de sopa de xarope de bordo
- 1 colher de chá de extrato de baunilha
- 1¼ xícaras 2% de leite desnatado
- ½ xícara de mirtilos

Endereços

a) Adicione todos os ingredientes, exceto os mirtilos, ao liquidificador. O óleo de coco derretido pode endurecer quando combinado com ingredientes mais frios, então você pode aquecer o leite um pouco para ajudar a evitar que isso aconteça, se desejar.

b) Bata tudo no liquidificador até obter um líquido homogêneo.

c) Despeje a mistura de panqueca em uma tigela grande.

d) Adicione cuidadosamente os mirtilos.
e) Deixe a massa descansar por 5 a 10 minutos. Isso permite que todos os ingredientes se juntem e dá uma melhor consistência à massa.
f) Pulverize generosamente uma frigideira ou chapa antiaderente com óleo vegetal e aqueça em fogo médio.
g) Quando a panela estiver quente, adicione a massa usando um copo medidor de $\frac{1}{4}$ de xícara e despeje a massa na panela para fazer a panqueca. Use o copo medidor para ajudar a moldar a panqueca.
h) Cozinhe até que os lados pareçam firmes e as bolhas se formem no meio (cerca de 2 a 3 minutos), depois vire a panqueca.
i) Quando a panqueca estiver cozida desse lado, retire a panqueca do fogo e coloque em um prato.
j) Continue esses passos com o restante da massa.

96. Panquecas de banana e morango

Ingredientes:

- 1 xícara de farinha de espelta
- $\frac{1}{2}$ colher de chá de fermento em pó
- $\frac{1}{2}$ colher de chá de bicarbonato de sódio
- $\frac{3}{4}$ xícara de iogurte grego natural
- 1 banana média madura, amassada
- $\frac{1}{2}$ xícara + 2 colheres de sopa de leite desnatado a 2%
- 1 ovo grande
- 2 colheres de sopa de xarope de bordo
- $\frac{3}{4}$ xícara de morangos fatiados

Endereços

a) Adicione a farinha, o fermento e o bicarbonato de sódio em uma tigela e misture para combinar.

b) Em outra tigela, misture o iogurte, a banana amassada, o leite, o ovo e o xarope de bordo até misturar.

c) Adicione os ingredientes molhados aos ingredientes secos e misture até ficar bem combinado.

d) Acrescente os morangos com cuidado.

e) Deixe a massa descansar por 2 a 3 minutos. Isso permite que todos os

ingredientes se juntem e dá uma melhor consistência à massa.

f) Pulverize generosamente uma frigideira ou chapa antiaderente com óleo vegetal e aqueça em fogo médio.

g) Quando a panela estiver quente, adicione a massa usando um copo medidor de $\frac{1}{4}$ de xícara e despeje a massa na panela para fazer a panqueca. Use o copo medidor para ajudar a moldar a panqueca.

h) Cozinhe até que os lados pareçam firmes e as bolhas se formem no meio (cerca de 2 a 3 minutos), depois vire a panqueca.

i) Quando a panqueca estiver cozida desse lado, retire a panqueca do fogo e coloque em um prato.

j) Continue esses passos com o restante da massa.

97. Panquecas de pêssego e creme

Ingredientes:

- 1¾ xícaras de aveia em flocos tradicional
- 2 colheres de sopa de mistura de pudim de baunilha sem açúcar
- 1½ colheres de chá de fermento em pó
- 1 colher de chá de bicarbonato de sódio
- ½ colher de chá de canela
- ¼ colher de chá de sal
- 1 colher de manteiga, derretida
- 1 ovo grande
- ¼ xícara de leite desnatado a 2%
- 1 colher de chá de extrato de baunilha
- 2 xícaras de pêssegos descascados e fatiados (se usar pêssegos congelados, descongele primeiro)

Endereços

a) Adicione todos os ingredientes em um liquidificador.
b) Bata tudo no liquidificador até obter um líquido homogêneo.
c) Despeje a massa de panqueca em uma tigela grande.
d) Deixe a massa descansar por 5 a 10 minutos. Isso permite que todos os

ingredientes se juntem e dá uma melhor consistência à massa.

e) Pulverize generosamente uma frigideira ou chapa antiaderente com óleo vegetal e aqueça em fogo médio-baixo.

f) Quando a panela estiver quente, adicione a massa usando um copo medidor de $\frac{1}{4}$ de xícara e despeje a massa na panela para fazer a panqueca. Use o copo medidor para ajudar a moldar a panqueca.

g) Cozinhe até que os lados pareçam firmes e as bolhas se formem no meio (cerca de 2 a 3 minutos), depois vire a panqueca.

h) Quando a panqueca estiver cozida desse lado, retire a panqueca do fogo e coloque em um prato.

i) Continue esses passos com o restante da massa.

98. panquecas de banana

Ingredientes:

- 1 xícara de farinha de espelta
- ½ colher de chá de fermento em pó
- ½ colher de chá de bicarbonato de sódio
- ¾ xícara de iogurte grego natural
- 1 banana média madura, amassada
- ½ xícara + 2 colheres de sopa de leite desnatado a 2%
- 1 ovo grande
- 2 colheres de sopa de xarope de bordo

Endereços

a) Adicione a farinha, o fermento e o bicarbonato de sódio em uma tigela e misture para combinar.

b) Em outra tigela, misture o iogurte, a banana amassada, o leite, o ovo e o xarope de bordo até misturar.

c) Adicione os ingredientes molhados aos ingredientes secos e misture até combinar.

d) Deixe a massa descansar por 2 a 3 minutos. Isso permite que todos os ingredientes se juntem e dá uma melhor consistência à massa.

e) Pulverize generosamente uma frigideira ou chapa antiaderente com óleo vegetal e aqueça em fogo médio.

f) Quando a panela estiver quente, adicione a massa usando um copo medidor de $\frac{1}{4}$ de xícara e despeje a massa na panela para fazer a panqueca. Use o copo medidor para ajudar a moldar a panqueca.

g) Cozinhe até que os lados pareçam firmes e as bolhas se formem no meio (cerca de 2 a 3 minutos), depois vire a panqueca.

h) Quando a panqueca estiver cozida desse lado, retire a panqueca do fogo e coloque em um prato.

i) Continue esses passos com o restante da massa.

99. panquecas tropicais

Ingredientes:

- 1¾ xícaras de aveia em flocos tradicional
- 1½ colheres de chá de fermento em pó
- 1 colher de chá de bicarbonato de sódio
- ½ colher de chá de canela
- ¼ colher de chá de sal
- 1 banana média madura, amassada
- 2 colheres de sopa de óleo de coco, derretido
- 1 colher de sopa de xarope de bordo
- 1 ovo grande
- 1 colher de chá de extrato de baunilha
- ¾ xícara 2% de leite desnatado
- ½ xícara de leite de coco integral enlatado
- ½ xícara de abacaxi picado (se estiver usando congelado, certifique-se de que está descongelado)
- ½ xícara de manga finamente picada (se estiver usando congelada, certifique-se de que está descongelada)

Endereços

a) Adicione todos os ingredientes, exceto o abacaxi e a manga, no liquidificador. O óleo de coco derretido pode endurecer quando combinado com ingredientes mais frios, então você pode aquecer o leite um pouco para ajudar a evitar que isso aconteça, se desejar.

b) Bata a mistura no liquidificador até obter um líquido homogêneo.

c) Despeje a massa de panqueca em uma tigela grande.

d) Adicione o abacaxi e a manga.

e) Deixe a massa descansar por 5 a 10 minutos. Isso permite que todos os ingredientes se juntem e dá uma melhor consistência à massa.

f) Pulverize generosamente uma frigideira ou chapa antiaderente com óleo vegetal e aqueça em fogo médio-baixo.

g) Quando a panela estiver quente, adicione a massa usando um copo medidor de ¼ de xícara e despeje a massa na panela para fazer a panqueca. Use o copo medidor para ajudar a moldar a panqueca.

h) Cozinhe até que os lados pareçam firmes e as bolhas se formem no meio (cerca de 2 a 3 minutos), depois vire a panqueca.

i) Quando a panqueca estiver cozida desse lado, retire a panqueca do fogo e coloque em um prato.

100. panquecas perfeitas

Rendimento: 4-6 porções

Ingredientes:
- 1 ½ xícaras de farinha de trigo
- 3 ½ colheres de chá de fermento em pó
- ½ colher de chá de sal
- 1 colher de açúcar
- 1 ¼ xícaras de leite
- 1 ovo
- 3 colheres de sopa de manteiga derretida (opcional)

Endereços

a) Em uma tigela grande, peneire a farinha, o fermento, o sal e o açúcar.

b) Faça um buraco no meio e despeje o leite, o ovo e a manteiga derretida; misture com um garfo ou bata até ficar homogêneo.

c) Aqueça uma chapa ou frigideira grande em fogo médio alto (ajusto minha chapa para 375 ° F).

d) Despeje ou retire $\frac{1}{4}$ xícara de massa para cada panqueca. Espere até que as bolhas se formem para virar.

e) Doure do outro lado e sirva com manteiga e calda de mirtilo.

CONCLUSÃO

Algumas das receitas deste livro rendem quatro porções de panquecas. Se você não está alimentando tantas pessoas, não se preocupe, você pode congelar as panquecas para mais tarde. Basta fazer as panquecas como faria normalmente. Deixe esfriar completamente e coloque-os entre pedaços de papel manteiga. Deslize as panquecas em um saco zip lock e coloque no freezer. Para reaquecer, você pode fazer algumas coisas. Você pode deixá-los descongelar e aquecê-los em uma panela ou pode colocar as panquecas congeladas no microondas por um minuto. Apenas lembre-se de remover o papel encerado, independentemente do método que você usar. Se houver uma cobertura que combine com a receita de panqueca que você está congelando, você pode fazer a cobertura e refrigerar por até uma semana. Pelo contrário,